équipe

2

feuilles à
photocopier

OXFORD
UNIVERSITY PRESS

Danièle Bourdais

Sue Finnie

Anna Lise Gordon

OXFORD

UNIVERSITY PRESS

Great Clarendon Street, Oxford OX2 6DP

Oxford University Press is a department of the University of Oxford.
It furthers the University's objective of excellence in research,
scholarship, and education by publishing worldwide in

Oxford New York

Auckland Bangkok Buenos Aires Cape Town Chennai
Dar es Salaam Delhi Hong Kong Istanbul Karachi Kolkata
Kuala Lumpur Madrid Melbourne Mexico City Mumbai Nairobi
São Paulo Shanghai Taipei Tokyo Toronto

with an associated company in Berlin

First published 1999
Euro edition published 2002

Acknowledgements
The authors would like to thank the following people for their
help and advice: Anna Lise Gordon (course coordinator), Ann Miller
(course consultant) and Anne O'Reilly, Geneviève Talon (language
consultant).

British Library Cataloguing in Publication Data

Data available

ISBN 0 19 912361 6

10 9 8 7 6 5 4 3 2 1

Designed and typeset by Holbrook Design Oxford Limited

Printed in Great Britain by Athenaeum Press, Gateshead

Table des matières

Progress Record Sheet

National Curriculum assessment: French   Class: ....

Name	AT	Level 2	Level 3	Level 4	Level 5
	1				
	2				
	3				
	4				
	1				
	2				
	3				
	4				

Progress Record Sheet

Assessment in Scotland: French   Class: ....

Name	Attainment Outcome	Elementary	Intermediate	Level E
	Listening			
	Speaking			
	Reading			
	Writing			
	Listening			
	Speaking			
	Reading			
	Writing			

Nom: _____

J'ai …	I've got …
Tu as …	You've got …
un pantalon	a pair of trousers
un jean	a pair of jeans
un tee-shirt	a T-shirt
un sweat	a sweatshirt
un blouson	a bomber jacket
un pull	a jumper
un short	a pair of shorts
un caleçon	a pair of leggings
une jupe	a skirt
une chemise	a shirt
une veste	a jacket
une cravate	a tie
une robe	a dress
des baskets	trainers
des chaussures	shoes
des sandales	sandals
des bottes	boots
des chaussettes	socks
des Doc Martens	Doc Martens
C'est quoi, ta tenue préférée?	What is your favourite outfit?
Ma tenue préférée, c'est …	My favourite outfit is …
la jupe blanche	the white skirt
le sweat jaune	the yellow sweat-shirt
les chaussures marron	the brown shoes
blanc/blanche	white
noir/noire	black
gris/grise	grey
bleu/bleue	blue
vert/verte	green
rouge	red
jaune	yellow
rose	pink
beige	beige
marron	brown

Pour aller au collège, je mets …	To go to school, I wear …
Pour aller chez mes grands-parents, je mets…	To go to my grandparents', I wear …
Pour aller à une boum, je mets …	To go to a party, I wear …
Qu'est-ce que tu aimes comme look?	What type of look do you like?
J'adore/J'aime bien …	I really like …
Je n'aime pas beaucoup …	I don't really like …
Je déteste …	I hate …
le look décontracté	the casual look
le look habillé	the smart look
le look sport	the sporty look
c'est pratique	it's practical
sympa	nice
moche	horrible
Je suis pour.	I am for.
Je suis contre.	I am against.
Je suis d'accord.	I agree.
Je ne suis pas d'accord.	I don't agree.
Ça me va, cette robe?	Does this dress suit me?
Çe me va, cet anorak?	Does this anorak suit me?
Ça me va, ce blouson?	Does this jacket suit me?
Ça ma va, ces chaussures?	Do these shoes suit me?
Oui, ça te va bien.	Yes, it suits you.
Non, ça ne te va pas.	No, it doesn't suit you.
Ce n'est pas ton genre.	It's not your style.
C'est trop grand.	It's too big.
C'est trop petit.	It's too small.

1a 🔊 Écoute. Choisis une tenue pour chaque personne.

Nom: _____

Numéro 1 – *a,*

Numéro 2 – ____

Numéro 3 – ____

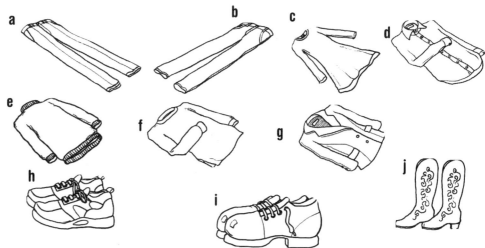

1b 🔊 Réécoute et colorie les vêtements.

2 🔊 Lisa essaie des vêtements. Ça va (✔) ou ça ne va pas (✘)?

3a 🔊 Écoute. Complète les bulles.

J'aime le look _____

C'est _____

Ma tenue préférée, c'est _____

_____

_____

_____

Pour aller au collège, je mets _____

_____

_____

Je suis _____ l'uniforme. C'est _____

3b À toi de répondre aux questions.

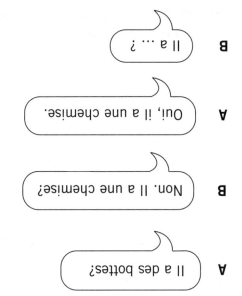

B Il a ... ?

A Oui, il a une chemise.

B Non. Il a une chemise?

A Il a des bottes?

Dessine et complète les tenues (trois choses pour chaque personne).
Pose des questions à ton/ta partenaire et réponds à ses questions.

Partenaire A

Partenaire B

Pose des questions à ton/ta partenaire et réponds à ses questions.
Dessine et complète les tenues (trois choses pour chaque personne).

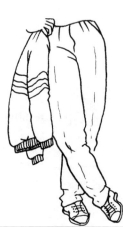

A Il a des bottes?

B Non. Il a une chemise?

A Oui, il a une chemise.

B Il a ... ?

équipe 2

1a Avec un(e) partenaire, suis les flèches et invente des conversations.

1b Changez de rôle.

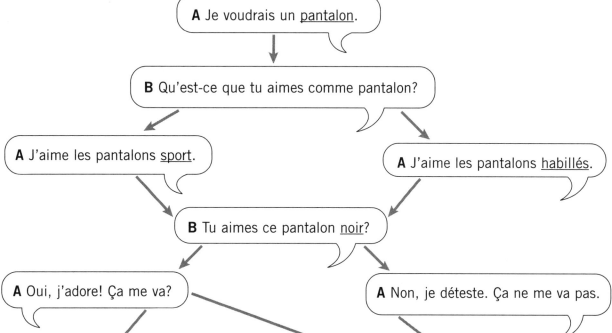

A Je voudrais un <u>pantalon</u>.

B Qu'est-ce que tu aimes comme pantalon?

A J'aime les pantalons <u>sport</u>.

A J'aime les pantalons <u>habillés</u>.

B Tu aimes ce pantalon <u>noir</u>?

A Oui, j'adore! Ça me va?

A Non, je déteste. Ça ne me va pas.

B Oui, ça te va bien. C'est <u>sympa</u>.

B Non, ça ne te va pas. <u>C'est trop petit</u>.

2 Change les mots soulignés par les mots dans la boîte. Invente d'autres conversations.

une chemise	des chaussures	décontractée(s)	verte(s)	marron
super	génial	c'est trop grand	ce n'est pas ton genre	

3 Regarde la BD. Imagine la conversation avec ton/ta partenaire.

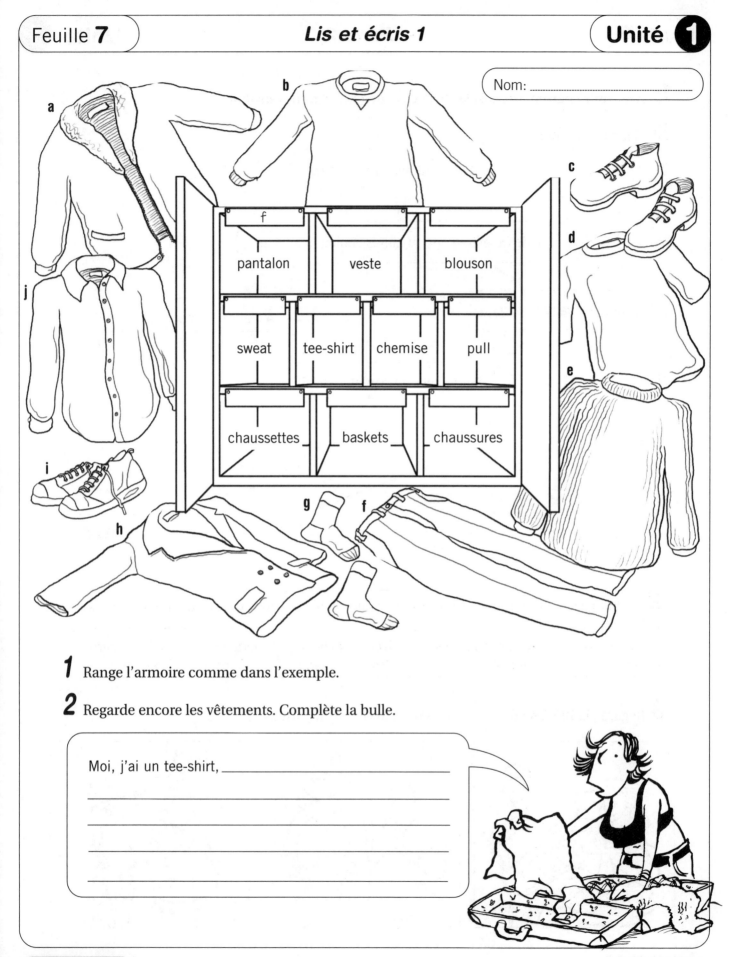

Nom: _____

a

b

c

d

e

f

pantalon   veste   blouson

sweat   tee-shirt   chemise   pull

chaussettes   baskets   chaussures

j

i

h

g   **f**

1 Range l'armoire comme dans l'exemple.

2 Regarde encore les vêtements. Complète la bulle.

Moi, j'ai un tee-shirt, _____
_____
_____
_____

équipe 2

Nom: _____

1a Lis la bulle. Qui parle, A ou B?

1b Colorie ses vêtements.

2a Invente et écris une bulle pour l'autre personne.

2b ⁇ Lis ta bulle. Ton/Ta partenaire colorie les vêtements.

Pour aller à la boum, je mets un pantalon noir, une chemise blanche, une cravate noire, une veste jaune, des chaussettes jaunes, des chaussures noires. J'adore le look habillé, c'est sympa.

équipe 2

Flashback

Verbs indicate an action. They change according to who does the action: I *go*, he *goes*. They change more in French than in English! You need to be able to recognize the verb in a sentence and also the pronoun (*I, you, he, she, we, they*) that shows who is doing the action.

Nom: _____

je mets	nous mettons
tu mets	vous mettez
il/elle met	ils/elles mettent

mettez (je) mettons j' chemise avec
tu sandales avons ont il
baskets elle tee-shirt on as
mets nous jean a mettent vous
mets ils jupe met elles <u>ai</u>

1a Souligne les verbes en rouge.

1b Entoure les pronoms en vert.

2 Complète la conversation avec les bons pronoms.

  A – _____ n'ai pas de vêtements pour la boum!

  B – _____ as un jean?

  A – Oui, mais _____ est moche.

  B – Une chemise?

  A – Oui, mais _____ est moche.

  B – Des baskets?

  A – Oui, mais _____ sont moches.

  B – Alors, qu'est-ce que _____ mets?

  A – _____ mets mon jean, ma chemise et mes baskets!

  B – Bonne idée!

3a Complète avec la bonne forme du verbe *mettre*.

a Qu'est-ce que tu _____ pour travailler?

Je _____ une blouse blanche.

b Nous _____ un pantalon bleu, une chemise bleue, une veste bleue, un képi* bleu.

c Il _____ un uniforme pour travailler?

Oui, il _____ un pantalon, une chemise et une casquette.* C'est un uniforme rouge et jaune.

d Ils _____ un uniforme bleu et jaune.

* un képi: *police hat* * une casquette: *cap*

3b Devine: ils travaillent où?
  1 – au Macdo   **2** – à la poste
  3 – au poste de police   **4** – à la pharmacie

Nom: _____

>|<>|< **Flashback** >|<>|<

Ce/cet/cette mean *this* and *ces* means *these*. They are adjectives and like most adjectives change according to whether the noun they go with is masculine, feminine or plural. *Cet* is used in front of masculine words starting with a vowel or an *h*.

1 Complète les bulles avec *ce, cet, cette* ou *ces*.

Waouh! Super _____ jupe verte! Et _____ tee-shirt orange!

Géniales, _____ bottes bleues!

Et _____ anorak rose fluo, cool! Je prends _____ nouvelle tenue!

>|<>|< **Flashback** >|<>|<

Adjectives are used to describe people or things. They change their endings according to whether the words they go with are masculine or feminine, singular or plural. Most French adjectives go after the noun they describe. There are a few exceptions, like *petit, gros, grand, vieux, nouveau, joli*.

2 Lis les phrases. Ajoute l'adjectif au bon endroit.

En général, les sorcières ont un costume noir. [vieux]

<u>En général, les sorcières ont un vieux costume noir.</u>

Mais cette sorcière a une tenue originale. [nouvelle]

_____

_____

Elle a une jupe verte. [jolie]

_____

Son tee-shirt est génial. [petit]

_____

Elle a aussi des bottes bleues. [grandes]

_____

Son anorak rose est hyper cool. [gros]

_____

équipe 2

Nom: _____

Flashback

To say you are for or against something, say:
- ✔ *Je suis pour.*
- ✘ *Je suis contre.*

Give a reason: *C'est pratique/beau/moche, etc.*
If you don't know: *Je ne sais pas!*
If you agree or disagree: *Je suis d'accord./Je ne suis pas d'accord.*

1 Regarde. Tu es pour ou contre? Pourquoi? Discute.

A L'uniforme à l'école, je suis contre. C'est moche.

B Je suis d'accord. C'est moche.

ou Je ne suis pas d'accord. Moi, je suis pour, c'est pratique.

L'uniforme à l'école

Le piercing

Le tatouage

Le look soixante-dix

Flashback

When giving your opinion on clothes, try to be tactful!

2 Décide qui a du tact, *a* ou *b*.

1
- **a** Oh! Tu es moche avec cette robe!
- **b** Oh non! C'est trop grand!

2
- **a** Ces bottes, ce n'est pas ton genre.
- **b** Nulles, ces bottes!

3
- **a** Tu es ridicule avec cette tenue.
- **b** Ce n'est pas pratique pour aller au collège.

4
- **a** Ridicule, la chemise! Nul, le pantalon!
- **b** Ça ne te va pas, c'est trop petit.

Groupwork

Nom: _____

1 Why do you think groupwork is important? Number these reasons 1 to 6 (1 = most important, 6 = least important).

☐ it's more interesting as a group has more ideas

☐ it's more fun doing the activity together

☐ we all have a go at doing something

☐ we speak to each other in French

☐ we can compare our work with other groups

☐ we can choose what we want to do within the group

2 What should (✔) or shouldn't (✘) you do when working in groups?

☐ all do the same thing

☐ share out tasks

☐ make sure everybody has something to do

☐ let one person do all the writing or speaking

☐ listen to each other

☐ ask each other for help (for vocabulary, etc.)

☐ read the instructions carefully

Dictionnaire

What do you do when you don't understand a word?
Don't forget the glossary at the back of the book! It can be a very handy tool.
In the glossary you will find the French words that are used in *Équipe 2* with their English translations. They are in alphabetical order.

1 Écris ces mots par ordre alphabétique. Vérifie dans le glossaire.

a lycra délavé serré vieux rayé caleçon

1 _____ 4 _____

2 _____ 5 _____

3 _____ 6 _____

b cravate chemise caleçon chaussures chaussettes chapeau

1 _____ 4 _____

2 _____ 5 _____

3 _____ 6 _____

2 Fais ces activités le plus vite possible! Ces mots sont sur quelle page du glossaire?

jupe – page ___

décontracté – page ___

jean – page ___

habillé – page ___

3 Cherche dans le glossaire et complète.

français	anglais
boum	
casquette	
moche	
triste	

Nom: _____

Lis d'abord *Équipe*, page 19.

• Lis *La mode au musée* et *La mode sur CD-Rom*.

1a Mets ces mots par ordre alphabétique.

| un costume | un accessoire | un étage | un siècle | le Moyen Âge |
| un mariage | apprendre | la mode | une souris | cliquer |

1b Tu comprends? Trouve le mot anglais dans le glossaire.

2 C'est où, au Louvre ou sur le CD-Rom?

c _____

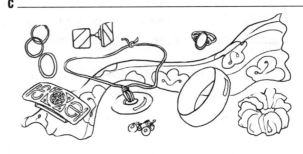

a _____ b _____ d _____

• Lis *Mannequin à 14 ans*

3 Relie les légendes aux photos d'Arnaud.

a J'adore être mannequin!
b Je fais des photos pour des affiches.
c Je commence les défilés de mode à trois ans!

d J'aime le look décontracté.
e Je fais des publicités à la télé.

1　　　　　2　　　　　3　　　　　4　　　　　5

Nom: _____

	me	checked by my partner

I can ...
name ten items of clothing   ❏   ❏
say what I'm wearing   ❏   ❏
say what my favourite colours are   ❏   ❏
describe a favourite outfit using colours   ❏   ❏
say what I wear to go to school   ❏   ❏
say what I wear to go to a party   ❏   ❏
say what type of 'look' I like   ❏   ❏
say why I like it   ❏   ❏
ask whether an item of clothing suits me   ❏   ❏
say that something does/doesn't suit someone   ❏   ❏
say why something doesn't suit someone   ❏   ❏

Skills:
give an opinion with tact   ❏   ❏
agree and disagree with someone   ❏   ❏
give some ideas on working in groups   ❏   ❏

Grammar:
say all parts of the verb *avoir*   ❏   ❏
say all parts of the verb *mettre*   ❏   ❏
say all parts of the verb *faire*   ❏   ❏
say this/these   ❏   ❏
name all pronouns (I, you, he, she, we, they)   ❏   ❏
use adjectives in the right place   ❏   ❏

Dictionary:
use the glossary at the back of *Équipe* to look up words   ❏   ❏

Pronunciation:
pronounce *un* and *une* correctly   ❏   ❏

Nom: _____

un documentaire	*a documentary*	treize heures	*1pm*
un film	*a film*	quatorze heures	*2pm*
une émission sportive	*a sports programme*	quinze heures	*3pm*
		seize heures quinze	*4.15 pm*
un jeu	*a quiz show*	vingt-deux heures quarante-cinq	*10.45 pm*
une émission pour la jeunesse	*a young people's programme*	Qu'est-ce qu'il y a sur TF1?	*What is on TF1?*
un dessin animé	*a cartoon*		
un feuilleton	*a soap*	Il y a une émission sportive.	*There's a sports programme.*
les infos	*the news*		
la météo	*the weather*	Tu veux regarder la météo?	*Do you want to watch the weather?*
premier/première	*first*		
deuxième, troisième	*second, third*	D'accord.	*OK.*
quatrième, cinquième	*fourth, fifth*	Non, je préfère …	*No, I'd prefer …*
sixième, septième	*sixth, seventh*		
huitième, neuvième	*eighth, ninth*	un film policier	*a detective film*
dixième	*tenth*	une comédie	*a comedy*
		un film romantique/d'amour	*a romantic film*
j'aime bien/j'adore …	*I really like …*	un film d'épouvante	*a horror film*
je préfère …	*I prefer …*	un film de science-fiction	*a science-fiction film*
je n'aime pas (regarder) …	*I don't like (watching) …*		
je déteste (regarder) …	*I hate (watching) …*	Tu veux voir un dessin animé au cinéma demain soir?	*Do you want to see a cartoon at the cinema tomorrow night?*
C'est comment?	*What's it like?*		
C'est génial	*It's great*	D'accord! Oui, je veux bien.	*OK! Yes, I'd like to.*
C'est intéressant	*It's interesting*	Non, je ne peux pas.	*No, I can't.*
C'est drôle	*It's funny*	Non, je n'aime pas beaucoup les films romantiques.	*No, I don't really like romantic films.*
Ce n'est pas mal	*It's not bad*		
Ce n'est pas marrant	*It's bad*		
C'est débile/nul	*It's awful*	C'est samedi à dix-neuf heures trente.	*It's on Saturday at 7.30pm.*
mais	*but*		
aussi	*also*	Combien?	*How many?*
		Comment?	*How?*
X, c'est à quelle heure?	*What time is X on?*	Quand?	*When?*
		Quel/Quelle … ?	*Which … ?*
C'est à 13 h 30.	*It's on at 1.30pm*	Pourquoi?	*Why?*
C'est sur quelle chaîne?	*Which channel is it on?*	par jour	*per day*
		tous les soirs	*every evening*
C'est sur France 3.	*It's on France 3.*	pendant les repas	*during meal times*

1 🔊 La famille Leroy regarde beaucoup la télévision. Qui aime quoi? ✔ ou ✗.

Nom: _____

			OROJBUN BONJOUR					**Feuilleton**
Mme Leroy								
M. Leroy								
Clémence								
Guy								
Sylviane								

2 🔊 Écoute.

1 Antoine veut regarder

  a *Formule 1.* ☐

  b *Nord et Sud.* ☐

2 Nathalie veut regarder

  a *30 millions d'amis.* ☐

  b *Cartoon Factory.* ☐

3 Qu'est-ce qu'ils regardent le soir?

_____

3 🔊 Changements de programme. Écoute l'annonce et écris les heures.

27 AVRIL

TF1	FRANCE 2	FRANCE 3	5ᵉ - ARTE	M6
13h15 Formule 1 *Grand prix de Saint-Martin* (En direct du circuit d'Imola) ► **16h**	**13h30 Le Monde est à vous** ► 15h10 **Dans l'œil de l'espion** *(Série)*	**14h05** ❤ ❤ **Chroniques de l'Afrique sauvage** *(Doc)* Un formidable documentaire tourné dans la réserve naturelle du Kenya en Afrique. Ne le manquez pas! ► 15h35	**14h Pelé, la saga du foot** *(Doc 5/12)* ► **14h55**	**13h15 Nord et Sud** *(Téléfilm)* ► **16h40**
16h Rick Hunter *(Série)* ► **16h50**	**15h55 L'ecole des fans** ► **16h55**		**14h55 Teva** *(Doc)* ► **15h55**	**16h40 Mister Biz** *(Magazine)* ► **17h15**
16h50 Disney Parade ► **18h05**	**16h55 La Belle et la bête** *(Doc)* *Léopard et phacochère* ► **17h50**	**15h35 Sports Dimanche** *Gymnastique* ► 17h55	**15h55 Le chef de famille** *(Feuilleton, 4/6)* ► **16h55**	**17h15 L'assassin était dans mon roman** *(Téléfilm)* ► **18h55**
18h05 Vidéo Gag ► **18h30**	**17h50 Stade 2** ► **18h50**	**17h55 Corky** ► 18h45	**18h20** ❤ **Va savoir** *(Magazine)* *Chistera et pelote basque* ► **18h45**	**18h55 Los Angeles Heat** *(Série)* ► **19h55**
18h30 30 millions d'amis *(Magazine)* ► **19h**	**18h50 Déjà dimanche Déjà le retour** *(Magazine)* ► **20h**	**18h45** ❤ ❤ **Y'a pire ailleurs** ► 18h55	**19h** ❤ ❤ **Cartoon factory** *(Dessins animés)* ► **19h30**	• *Magazines:* 20h **E = M6** 20h35 **Sport 6** ► **20h45**

• *Téléfilms:*

┌─────────────────┐
│   │
└─────────────────┘

L'enfer blanc

15h
Opération cosinus

┌─────────────────┐
│   │
└─────────────────┘

Les veinards *(Film)*

┌─────────────────┐
│   │
└─────────────────┘

❤ **Astérix et Cléopâtre** *(Dessin animé)* Une bonne adaptation de l'un des meilleurs albums d'Astérix.

┌─────────────────┐
│   │
└─────────────────┘

Notre belle famille *(Série)*

équipe 2

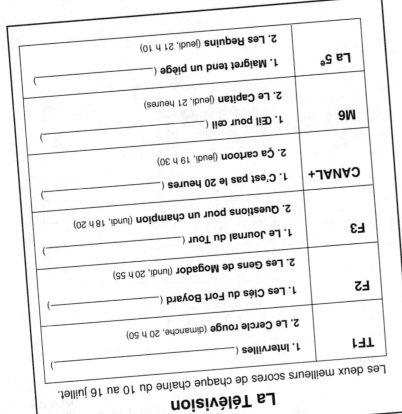

La Télévision

Les deux meilleurs scores de chaque chaîne du 10 au 16 juillet.

TF1	1. Intervilles (_____)
	2. Le Cercle rouge (dimanche, 20 h 50)
F2	1. Les Clés du Fort Boyard (_____)
	2. Les Gens de Mogador (lundi, 20 h 55)
F3	1. Le Journal du Tour (_____)
	2. Questions pour un champion (lundi, 18 h 20)
CANAL+	1. C'est pas le 20 heures (_____)
	2. Ça cartoon (jeudi, 19 h 30)
M6	1. Œil pour œil (_____)
	2. Le Capitan (jeudi, 21 heures)
La 5ᵉ	1. Maigret tend un piège (_____)
	2. Les Requins (jeudi, 21 h 10)

Partenaire A

1 Pose des questions à ton/ta partenaire. Complète la grille.

Intervilles, c'est quel jour?

2 Réponds aux questions de ton/ta partenaire.

B *Les Requins*, c'est à quelle heure?

A C'est à vingt et une heures dix.

Partenaire B

1 Réponds aux questions de ton/ta partenaire.

A *Intervilles*, c'est quel jour?

B C'est mercredi.

2 Pose des questions à ton/ta partenaire. Complète la grille.

Les Requins, c'est à quelle heure?

La Télévision

Les deux meilleurs scores de chaque chaîne du 10 au 16 juillet.

TF1	1. Intervilles (mercredi, 21 heures)
	2. Le Cercle rouge (_____)
F2	1. Les Clés du Fort Boyard (samedi, 20 h 50)
	2. Les Gens de Mogador (_____)
F3	1. Le Journal du Tour (mardi, 20 h 40)
	2. Questions pour un champion (_____)
CANAL+	1. C'est pas le 20 heures (lundi, 20 heures)
	2. Ça cartoon (_____)
M6	1. Œil pour œil (lundi, 21 heures)
	2. Le Capitan (_____)
La 5ᵉ	1. Maigret tend un piège (lundi, 13 h 30)
	2. Les Requins (_____)

	TF1	France 3	M6
18 h	Xéna la guerrière *série*	Questions pour un champion *jeu*	Hit machine *musique*
18 h 30	Melrose Place *feuilleton*	Tout le sport *sport*	Astérix et Cléopâtre *dessin animé*
19 h	Columbo *téléfilm policier*	Journal régional *infos, météo*	Classe mannequin *feuilleton*
19 h 30	↓	Journal national *infos, météo*	Lois et Clark *feuilleton*
20 h	Le Grand Voyage *documentaire*	Les trois frères *film comique*	↓
20 h 30	L'or à l'appel *jeu*	↓	Turbo *documentaire autos*

1 Lis le programme. Choisis les émissions que tu préfères: complète la colonne *Moi*.

2 Compare avec ton/ta partenaire: complète la colonne *Partenaire*.

   A: Je vais regarder *Hit Machine* à 18 heures. Et toi?
   B: Moi, je vais regarder *Questions pour un champion.*

3 Tu vas passer la soirée avec ton/ta partenaire. Choisissez des émissions à regarder. Discutez: complète la colonne *Choix final*.

   A: Tu aimes les dessins animés, alors on regarde *Astérix*?
   B: D'accord.
   ou: Non, je n'aime pas ça. Tu ne veux pas regarder *Tout le sport*?

Heure	Moi	Partenaire	Choix final
18 h			
18 h 30			
19 h			
19 h 30			
20 h			
20 h 30			

équipe 2

1 Regarde les symboles. C'est quelle sorte de film? Choisis.

Nom: _____

 (un western) / un film romantique

a un film policier / un film d'épouvante

b un film de science-fiction / un dessin animé

c un film d'épouvante / un film policier

d une comédie / un film romantique

e un dessin animé / un film de science-fiction

2 Écris les conversations.

a **?**

Tu veux voir *le film policier* ce soir?

Non, je veux voir *le film de science-fiction.*

b **?**

_____

_____

c **?**

_____

_____

d **?**

_____

_____

3 Dans la lettre, souligne les trois erreurs.

Lundi, je vais à Paris. Je vais voir un film policier, L'Armée des 12 singes. C'est un film américain, mais ce n'est pas en anglais, nous allons voir la version française. La première séance est à quatorze heures trente. Je vais téléphoner pour réserver des places.

Au Gaumont-Alésia à Paris

Un film de science-fiction

L'Armée des 12 singes

avec

Bruce Willis et **Brad Pitt**

en version française

Séances: mercredi, vendredi, samedi, dimanche
à 14 h 35, 17 h 30, 20 h 45
Réservez vos places en téléphonant au 01.40.30.30.31

Nom: _____

* Au CinéVog Saint-Lazare

Enquête interdite

Un matin, il y a un meurtre. La victime est une jeune fille. Gallagher est un bon policier, mais ses supérieurs refusent son assistance pour l'affaire. Pourquoi?

Séances: **samedi, dimanche 19 h 45**

Qui est qui?

Pour son anniversaire, Nathalie reçoit un petit chien adorable. Mais les petits chiens deviennent grands. Beaucoup d'aventures et beaucoup d'humour.

Séances: **vendredi 18 h 30, samedi, dimanche 14 h 45**

> *Réservez vos places en téléphonant au 01.40.30.30.31*

* À l'UCG Gobelins

Le cimetière oublié

La nouvelle maison est bizarre. Dans la salle de bains, Tina a l'impression que les murs bougent. Dans la chambre, elle voit un monstre horrible. Est-ce que ce sont des hallucinations?

Séances: **mardi et mercredi 18 h 10**

Quatre jours à Paris

Basile aime Marie, mais Marie aime Daniel. Une histoire tendre, avec un mariage à la fin.

Séances: **jeudi 16 h 05, 18 h 10 vendredi et week-end 14h, 16h, 18h**

Les Simpson

La famille américaine extraordinaire! Homer perd tout son argent. Qu'est-ce qu'il va faire? Une animation superbe et des aventures amusantes.

Séances: **mercredi, jeudi 17h, vendredi 18 h 30**

> *Réservez vos places en téléphonant au 01.40.30.30.31*

> un meurtre – *a murder*
> deviennent – *become*
> les murs bougent – *the walls move*
> tendre – *tender, sweet*
> perd – *loses*
> résumé – *summary*

1 Lis le résumé des films. Ensuite, écris les titres dans l'ordre (lis les instructions dans la boîte).

Instructions
Le deuxième film est un film romantique.
Le premier film est un dessin animé.
Le quatrième film est un film policier.
Le troisième film est un film d'épouvante.
Le cinquième film est une comédie.

1 *Les Simpson* _____

2 _____

3 _____

4 _____

5 _____

2 Réponds aux questions.

a Pour voir *Enquête interdite*, on va à l'UCG Gobelins?

_____

b On peut voir *Le cimetière oublié* le week-end?

_____

c À quelle heure commence *Les Simpson* le mercredi?

_____

d Qu'est-ce qu'on fait pour réserver des places?

_____

e Homer Simpson a un problème. Qu'est-ce que c'est?

_____

f Nathalie a un animal. C'est quoi?

_____

g Marie préfère Basile ou Daniel?

_____

aller + infinitif

Flashback

A simple way to talk about something that is going to happen in the future is to use *aller* + the **infinitive** of another verb:

I am going **to watch** TV.
*Je vais **regarder** la télé.*

She is going **to go out.**
*Elle va **sortir.***

We are going **to start**.
*Nous allons **commencer.***

They are going **to choose** a film.
*Ils vont **choisir** un film.*

The part of *aller* you use depends on who is doing the action: *je vais, tu vas, Marie va,* etc.

The second verb is an **infinitive**. It doesn't change: *je vais **regarder** la télé, vous allez **regarder** la télé, elles vont **regarder** la télé,* etc.

1 Choisis le bon verbe pour compléter le poème.

Tu vas (aller)/vas au cinéma?

Qui va *venir/vient* avec moi?

René va *visite/visiter* le musée

Aimée va *vas/aller* au café

Nous allons *invitons/inviter* Nicolas

Ah mais non, il va *faire/fait* ses devoirs

Vous n'allez pas *sortir/sortez* ce soir?

Vous n'allez pas *venir/venez* avec moi?

Nom: _____

2 Qu'est-ce qu'ils vont faire?

Max va faire du ski.

a Anne _____
_____

b Romain _____
_____

c Catherine _____
_____

d Jean et Marc _____
_____

e Juliette et Claire _____
_____

3 Qu'est-ce que tu vas faire ce week-end? (Choisis six activités.)

Exemple Je vais aller au cinéma.
Je vais jouer du piano.

_____

_____

_____

_____

_____

_____

Nom: _____

vouloir / pouvoir

Flashback

These two verbs do not have the same form as other verbs in the present tense.

vouloir – *to want*   **pouvoir** – *to be able to (can)*

je veux	je peux
tu veux	tu peux
il veut	il peut
elle veut	elle peut
on veut	on peut
nous voulons	nous pouvons
vous voulez	vous pouvez
ils veulent	ils peuvent
elles veulent	elles peuvent

When they are followed by another verb, that verb must be an infinitive:
*Tu veux **venir**? Ils ne peuvent pas **sortir**.*

1 Complète les bulles.

a (Tu _____ sortir ce soir?)

(Non, je _____ rester à la maison.)

b (Anne _____ acheter un jean.)

(Mais elle ne _____ pas. Elle n'a pas d'argent.)

c (Les prisonniers _____ partir.)

(Oui, mais ils ne _____ pas partir.)

2a La mère qui dit toujours *oui*. Termine ses phrases.

a Tu veux aller au cinéma? D'accord, *tu peux aller au cinéma.*

b Tu veux regarder la télévision? D'accord, _____

c Il veut voir un film de science-fiction? D'accord, _____

d Vous voulez aller au cinéma? D'accord, _____

e On veut prendre un taxi? D'accord, _____

f Elles veulent acheter des pop-corn? D'accord, _____

2b La mère qui dit toujours *non*. Mets les phrases *a–f* au négatif.

Exemple a – Ah non, tu ne peux pas aller au cinéma.

Attention!
ne + premier verbe + *pas* + deuxième verbe

Sometimes you don't need to read every word of a text. When you want to find specific information, it can be quicker to scan through looking for key words.
Do the following activities as quickly as possible.

The words in bold print tell you what to look out for.

Nom: _____

1 Voici le sommaire d'un guide pour visiteurs à Paris. C'est quelle page pour les situations suivantes?

a Tu veux aller au **Festival** Woody Allen.   `93`

b Tu veux inviter ton petit cousin au cinéma. Qu'est-ce qu'il y a pour **lesenfants/les jeunes?**   ☐

c Tu veux lire la liste des **films de la semaine.**   ☐

d Tu veux voir un film de science-fiction. Trouve la liste par **genre**.   ☐

e Quels films peut-on voir la **nuit**?   ☐

f Tu veux voir un film dans une **salle** près de ton hôtel.   ☐

g Tu veux voir un bon film. Tu veux lire l'opinion des **critiques**.   ☐

2 Trouve:

a le film du **11 avril**

_____

b la date de **Beautiful Thing**

_____

c le titre anglais de **Au revoir à jamais**

_____

d les trois films faits en **1995**

_____

e le film **le plus long**

_____

f le **dessin animé**

_____

■ LE 30 MARS
L'Ame des guerriers
Once Were Warriors
Aust. – 1995 – coul. – 1h50
Comédie dramatique de Lee Tamahori.
Meilleur premier film – festival de Venise.

■ LE 28 MARS
L'Armée des 12 singes
12 Monkeys
USA. – 1995 – coul. – 2h05
Film fantastique de Terry Gilliam avec Bruce Willis, Brad Pitt.

■ LE 20 AVRIL
Astérix et les Indiens
All. – 1995 – coul. – 1h24
Dessin animé de Gerhard Hahn.

■ LE 25 AVRIL
Au revoir à jamais
The Long Kiss Goodnight
USA. – 1996 – coul. – 1h50
Film d'aventures de Renny Harlin avec Geena Davis, Samuel L Jackson.

■ LE 11 AVRIL
Babe, le cochon devenu berger
Aust. – 1996 – coul. – 1h31
Comédie animalière de Chris Noonan.

■ LE 19 AVRIL
Beautiful Thing
GB. – 1996 – coul. – 1h30
Comédie de Hettie MacDonald. Un premier film léger et charmant, optimiste et sensible.

équipe 2

Nom: _____

Dictionnaire: mode d'emploi

An English–French dictionary is in two parts:
• the first part lists English words (in alphabetical order) and gives their French translation;
• the second part lists French words (in alphabetical order) and gives their translation in English.

To help you find the word you are looking for more quickly, there are words in the top corner of each page:
• top left is the first word that appears on that page;
• top right is the last word on that page.

1 C'est la bonne page?

	Tu cherches	premier mot	dernier mot	
a	émission	embouteiller	émotion	✔
b	câble	cacher	cadet	
c	chaîne	chacun	chambre	
d	zapper	zéro	zinc	
e	diffusion	différence	digestion	

2 Dans ton dictionnaire, cherche ces mots.
Écris le mot anglais et le premier mot de la page.

Exemple inhabité – uninhabited – info

Mot	mot anglais	premier mot de la page
écran		
téléspectateur		
scénariste		
divertissant		
sous-titre		

Les questions

Questions with yes/no answers have the same form as statements (the difference is in the way you say them).
Tu aimes les films de science-fiction?
Il va au cinéma?
Other questions include question words like *quand* (when), *combien* (how much/how many), *où* (where), etc.

3 Voici des réponses. Imagine les questions.

a Oui, j'aime regarder les infos.

_____

b Ça coûte £3.

_____

c Il y a un cinéma en face du supermarché.

_____

d Je regarde la télé dans ma chambre.

_____

e Il y a cinq chaînes.

_____

f Ça commence à 22 heures.

_____

équipe 2

Nom: _____

Lis d'abord *Équipe,* page 31.

1 C'est quelle question?

a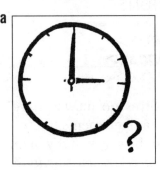
b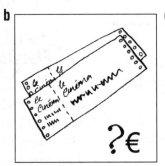
c
d

2 Lis l'article dans un magazine anglais. Trouve les cinq erreurs.

3 Dessine un poster pour une des chaînes.

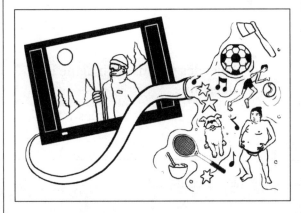

If you are keen on television, check out what cable has to offer. MTV is the international music channel, where they show music videos and concerts. All the programmes are in French.

On Canal J there are cartoons and a range of programmes suitable for children up to the age of 11. There are films in the afternoon on Sundays.

Sports fans can watch sporting events every evening (up until midnight) on EUROSPORT. Some of the more unusual sports are often featured: archery, martial arts and sumo, for example. But the channel doesn't cover events like the Olympics.

équipe 2

Nom: _____

	me	checked by my partner
I can ...	❑	❑
name eight types of TV programme	❑	❑
say which types of programme I like	❑	❑
say which types of programme I don't like	❑	❑
say why I like/don't like something	❑	❑
say positions from 1st–10th	❑	❑
ask what time a programme starts	❑	❑
say what time a programme starts	❑	❑
ask what channel a programme is on	❑	❑
say what channel a programme is on	❑	❑
say times using the 24-hour clock	❑	❑
ask what is on a particular channel	❑	❑
say what is on a particular channel	❑	❑
ask if someone wants to watch a particular programme	❑	❑
invite someone to watch a film at the cinema	❑	❑
accept an invitation	❑	❑
turn down an invitation	❑	❑
name four types of films	❑	❑
say when a film is on		

Skills:	me	checked by my partner
pick out key words in a text	❑	❑
ask questions using *combien, comment, quand, quel(s)/quelle(s)*	❑	❑
ask questions using *est-ce que ... ?*	❑	❑
ask questions by making my voice go up at the end	❑	❑

Grammar:	me	checked by my partner
use *aller* + infinitive to say I am going to do something	❑	❑
name all parts of the verb *vouloir*	❑	❑
name all parts of the verb *pouvoir*	❑	❑
use *pouvoir* and *vouloir* in sentences	❑	❑
name all parts of the verb *être*	❑	❑

Dictionary:	me	checked by my partner
use both halves of the dictionary to look up words	❑	❑
use the words at the top of the page to help find words more quickly	❑	❑

Pronunciation:	me	checked by my partner
pronounce *des* and *deux* correctly	❑	❑

équipe 2

Nom: _____

Tu veux aller au cinéma?	*Do you want to go to the cinema?*	... ranger ma chambre	*... tidy my room*
Tu veux aller à la piscine?	*Do you want to go to the swimming pool?*	... faire la cuisine	*... do the cooking*
		Ça ne me dit rien.	*I don't fancy it.*
		Je n'aime pas ça.	*I don't like it.*
en ville	*into town*		
au parc	*to the park*	Qu'est-ce que tu as fait le week-end dernier?	*What did you do last weekend?*
à la plage	*to the beach*	J'ai retrouvé mes copains.	*I met up with my friends.*
au café	*to the cafe*		
		J'ai joué au basket.	*I played basketball.*
Tu veux faire du vélo?	*Do you want to go cycling?*	J'ai regardé la télévision/ un film.	*I watched the TV/ a film.*
Tu veux ... ?	*Do you want to...?*	J'ai acheté des baskets.	*I bought some trainers.*
... faire de la voile	*... go sailing*		
... faire du skate	*... go skate-boarding*	J'ai nagé à la piscine.	*I swam in the pool.*
		J'ai écouté de la musique.	*I listened to music.*
... faire du patinage	*... go skating*	J'ai vu ...	*I saw ...*
... danser	*... go dancing*	J'ai fait ...	*I did ...*
... nager	*... go swimming*		
Oui, je veux bien.	*Yes, I'd like to.*	Je voudrais un coca.	*I would like a cola.*
On se retrouve où?	*Where shall we meet?*	un Perrier	*a mineral water*
		un café	*a coffee*
En ville.	*In town.*	un citron pressé	*a lemon juice*
Devant la poste.	*In front of the post office.*	un jus d'orange	*an orange juice*
		une limonade	*a lemonade*
Chez moi.	*At my house.*	des frites	*some chips*
Chez toi.	*At your house.*	un sandwich au jambon	*a ham sandwich*
On se retrouve à quelle heure?	*What time shall we meet?*	un sandwich au poulet	*a chicken sandwich*
		un sandwich au thon	*a tuna sandwich*
À sept heures et demie.	*Half past seven.*	une crêpe au fromage	*a cheese pancake*
		Ça fait combien?	*How much is it?*
Je ne peux pas.	*I can't.*	Ça fait un euro.	*It's 1 euro.*
Je dois ...	*I have to ...*		
... faire mes devoirs	*... do my homework*	Où est le téléphone?	*Where is the telephone?*
... aller voir ma grand-mère	*... go and see my grandma*	Où sont les toilettes?	*Where are the toilets?*
... garder mon frère	*... look after my brother*	Je peux avoir une serviette?	*Can I have a serviette?*
... sortir le chien	*... take the dog out*	Je peux avoir un verre?	*Can I have a glass?*
		... de l'eau?	*... some water?*
		... du sel?	*... some salt?*

équipe 2

1 📼 Écoute. Relie l'activité, l'heure et
l'endroit où les jeunes se retrouvent.

Nom: _____

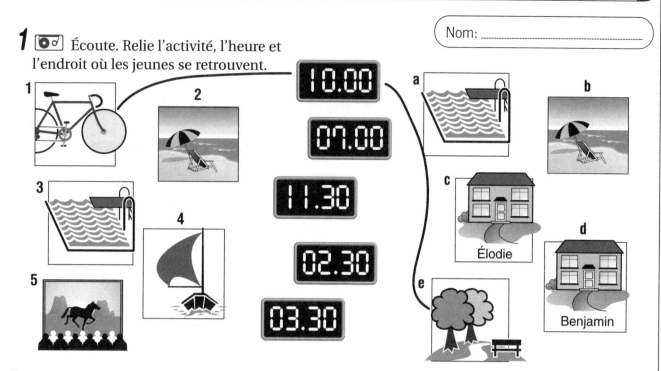

2a 📼 Écoute. Gisèle invite des copains
à une boum. Note les excuses.

Julien	f
Isabelle	
Nicolas	
Sophie	
Anne-Laure	
Benjamin	

3a 📼 Écoute et complète l'agenda de
Philippe pour le week-end dernier.

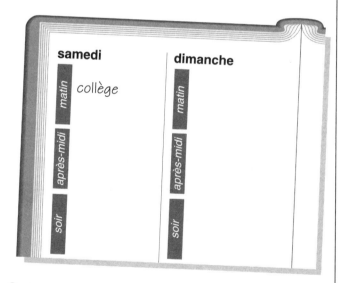

3b 👥 A pose des questions. B répond pour
Philippe.

A ⟨ Qu'est-ce que tu as fait samedi soir? ⟩

B ⟨ J'ai regardé la télévision. ⟩

2b Qui ne dit pas la vérité?

équipe 2

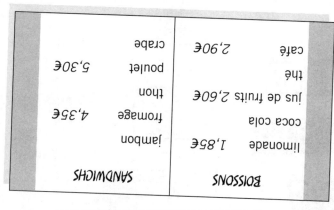

Partenaire A

1a Pose des questions à ton/ta partenaire.

A   Tu veux … ?

B   Oui, je veux bien.

A   On se retrouve à quelle heure?

B

A   Et on se retrouve où?

B 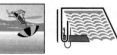

A   D'accord! À plus tard!

2a Pose des questions à ton/ta partenaire et complète le menu.

  Je voudrais un coca cola. C'est combien?

2b Réponds aux questions de ton/ta partenaire.

  Ça fait deux euros soixante-quinze.

BOISSONS		SANDWICHS	
café	2,90€	crabe	5,30€
thé		poulet	
jus de fruits	2,60€	thon	
coca cola		fromage	4,35€
limonade	1,85€	jambon	

Partenaire B

1a Réponds aux questions de ton/ta partenaire.

A   Tu veux … ?

B   Oui, je veux bien.

A   On se retrouve à quelle heure?

B   **10.00**   **7.30**   **2.30**   **4.00**

A   Et on se retrouve où?

B 

A   D'accord! À plus tard!

1b Pose les questions à ton/ta partenaire.

2a Réponds aux questions de ton/ta partenaire.

  Ça fait deux euros vingt-cinq.

2b Pose des questions à ton/ta partenaire et complète le menu.

  Je voudrais un jus de fruits. C'est combien?

BOISSONS		SANDWICHS	
limonade		jambon	4,60€
coca cola	2,25€	fromage	
jus de fruits		thon	5€
thé	2,50€	poulet	
café		crabe	5,65€

équipe 2

Partenaire A

1a Parle du week-end! Réponds aux questions de ton/ta partenaire.

> J'ai fait du vélo.

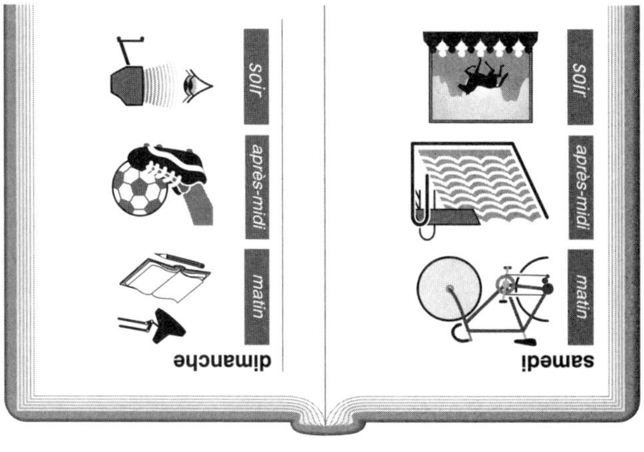

1b Pose des questions à ton/ta partenaire et note les réponses.

> Qu'est-ce que tu as fait samedi matin?

2a Tu connais bien ton/ta partenaire? Lis les questions et devine les réponses de ton/ta partenaire. Pose des questions pour vérifier!

a Qu'est-ce que tu as mangé au petit déjeuner?
b Qu'est-ce que tu as bu au petit déjeuner?
c Qu'est-ce que tu as fait hier soir?
d Comment s'appelle le dernier film que tu as vu?
e Tu as fait quels sports le week-end dernier?
f Tu as visité la France?

2b Réponds aux questions de ton/ta partenaire.

Partenaire B

1a Parle du week-end! Pose des questions à ton/ta partenaire et note les réponses.

> Qu'est-ce que tu as fait samedi matin?

1b Réponds aux questions de ton/ta partenaire.

> J'ai fait du shopping.

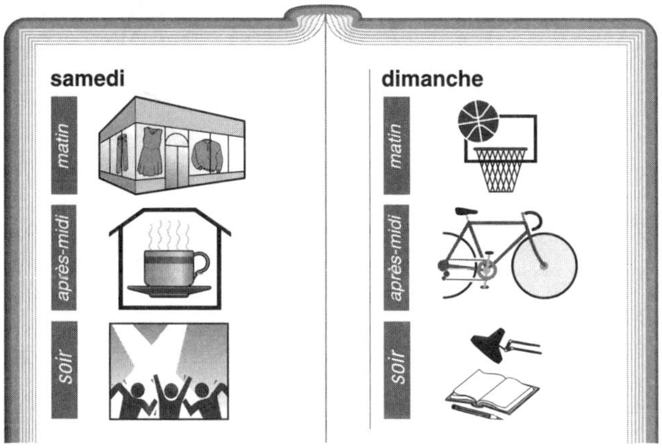

2a Réponds aux questions de ton/ta partenaire.

2b Tu connais bien ton/ta partenaire? Lis les questions et devine les réponses de ton/ta partenaire. Pose des questions pour vérifier!

a Qu'est-ce que tu as mangé au petit déjeuner?
b Qu'est-ce que tu as bu au petit déjeuner?
c Qu'est-ce que tu as fait hier soir?
d Comment s'appelle le dernier film que tu as vu?
e Tu as fait quels sports le week-end dernier?
f Tu as visité la France?

1 Complète les messages.

Nom: _____

a

Salut, Christophe!

Tu veux aller à la piscine dimanche matin? On se retrouve à onze heures devant la _____.

À dimanche!

Philippe

b

Cher Marc,

Tu veux faire du _____ dimanche matin? On se retrouve au parc à dix _____ et demie.

Amitiés, Julie

c

Salut!

Tu veux regarder le film à la télévision ce soir? On se retrouve _____ à sept heures et demie.

Amitiés, Félix

d

Chère Isabelle,

Tu veux aller en ville samedi _____?

On se retrouve _____ la bibliothèque à deux heures et demie.

À samedi! Sylvain

heures	piscine
devant	après-midi
chez moi	vélo

2 Lis la lettre. Coche les activités de Julie pendant le week-end.

Salut! J'ai passé un bon week-end. Samedi matin, j'ai acheté des pommes et des fleurs au marché et l'après-midi, j'ai fait la cuisine. Le soir, j'ai retrouvé des copains au café.
Dimanche, j'ai fait du vélo et j'ai fait de la voile. Super!

Amitiés, Julie

Nom: _____

Montréal, le 18 juin

Cher Martin,

Salut! Ça va? J'aime bien habiter ici à Montréal. Le week-end dernier, j'ai fait plein de choses!

Samedi matin, j'ai fait les courses au supermarché avec mon père. Je dois faire les courses tous les week-ends! L'après-midi, j'ai retrouvé trois copains au centre sportif et on a fait du basket. Je ne joue pas tellement bien, mais c'est amusant! Samedi soir, j'ai vu un bon film au cinéma.

Dimanche matin, j'ai fait mes devoirs. Après, j'ai écouté de la musique. On a déjeuné au restaurant, parce que c'était l'anniversaire de mon père. J'ai mangé du poulet et des frites et j'ai bu du champagne! Après ça, on a fait une promenade en ville. Le soir, j'ai préparé un gâteau délicieux pour mon père et on a regardé un match de hockey sur glace à la télévision.

Et toi? Tu as passé un bon week-end? Qu'est-ce que tu as fait le week-end dernier?

Grosses bises, Jasmine

1 Lis la lettre. Vrai ou faux?

a Jasmine habite à Dieppe.

b Samedi matin, elle a acheté des choses à manger et à boire.

c Elle a joué au basket dans le parc.

d Elle a vu un film au cinéma.

e Elle a écouté de la musique au restaurant.

f Dimanche soir, elle a regardé la télé avec son père.

2a Écris une liste des verbes au passé composé.

Exemple *J'ai fait, …*

2b Qu'est-ce que Martin a fait le week-end dernier? Note tes idées.

Exemple *football, devoirs, film, vélo*

2c Écris la réponse de Martin à Jasmine.

Flashback

Nom: _____

If you are talking about what you must do or what you have to do, use the verb *devoir* and the **infinitive** of the next verb:

Je *dois* **faire** mes devoirs.
Tu *dois* **garder** ton frère?

1 Fais des phrases.

Exemple   *Je dois garder mon frère.*

Je dois garder	mon grand-père.
faire	mon frère.
sortir	ma chambre.
aller voir	mes devoirs.
ranger	le chien.
acheter	des pommes.

2 Écris des bulles.

Exemple   *Je dois …*

Nom: _____

Flashback

To say what you did in the past, use the perfect tense (*passé composé*). Use the correct form of *avoir* and the **past participle** of the verb:

J'*ai* **mangé** un sandwich.
Tu *as* **joué** de la guitare?
Martin *a* **regardé** la télévision.

Some past participles are irregular:

Infinitive	Past participle
faire	fait
boire	bu
voir	vu

Rappel	
j'ai	nous avons
tu as	vous avez
il/elle/on a	ils/elles ont

1 Les phrases sont au passé composé (✔) ou pas (✘)?

a J'ai rangé ma chambre.   ✔
b Je fais mes devoirs.   ☐
c Antoine a gardé son frère et sa sœur.   ☐
d Tu dois faire tes devoirs?   ☐
e J'ai fait du shopping.   ☐
f Je regarde souvent la télé.   ☐

2a Lis la lettre. Souligne les parties du verbe *avoir* en rouge et les participes passés en bleu. Vérifie avec ton/ta partenaire.

Chère Nathalie,

Me voilà au Canada! Ce week-end, j'ai fait plein de choses. Samedi matin, j'ai nagé à la piscine et l'après-midi, j'ai fait du vélo avec mes copains. Le soir, j'ai fait un bon repas au restaurant avec mon père et j'ai vu un bon film au cinéma. Dimanche, j'ai fait mes devoirs et j'ai retrouvé mes copains au parc. On a fait du basket. Et toi? Tu as passé un bon week-end?

Grosses bises, Jasmine

2b Complète les phrases.

a Jasmine _____ _____ à la piscine. [nager]

b Elle _____ _____ un bon film. [voir]

c Elle _____ _____ du basket avec ses copains au parc. [faire]

Nom: _____

Flashback

If you're not sure how to answer a question in French, don't panic! You can always stall for a bit more time. There are lots of ways to stall for time (pausing, repeating part of the question, etc.) and it's best to practise them carefully. Then you'll find it easier next time you face a tricky question!

1a 🔊 Les six copines de Charlie n'aiment pas danser. Écoute et lis les réponses.

> Je vais danser samedi soir. Tu veux venir?

a **Bof!** Ça ne me dit rien. Je n'aime pas danser.

b **Euh** … Non, merci. Je n'aime pas danser.

c **Pardon?**

d **Samedi?** Je ne peux pas. Je dois garder mon frère.

e **Aller danser?** Non, merci. Ça ne me dit rien.

f **Un instant** … Je ne peux pas. Je vais au club des jeunes.

1b 👥 A pose des questions. B hésite et prend son temps. Change de rôles.

a Je vais au café vendredi. Tu veux venir?

b Tu veux faire du skate en ville?

c Tu veux aller à la piscine ce soir?

d Qu'est-ce que tu fais ce soir?

e Tu aimes le sport?

f Quel est ton film préféré?

Flashback

If you are asked to make notes in French from what you read or hear, try to identify the key word each time. Don't worry too much about spelling at the time, but remember to check the words in the glossary or dictionary afterwards if you're not sure.

Nom: _____

Dictionnaire

If you are trying to find the meaning of a verb in the past tense, you need to look up the infinitive in the glossary or dictionary.

> **manger**

J'ai **mangé** un croissant.

Some verbs have irregular past participles – you'll have to learn these carefully!

> fait > faire, bu > boire, vu > voir

1a Trouve l'infinitif.

Exemple a – manger – to eat

a mangé
b vu
c fait
d retrouvé
e dansé
f bu

1b Fais des phrases.

Exemple a – J'ai mangé un hamburger.

1a Qu'est-ce qu'Antoine a fait le week-end dernier? Souligne les mots-clés.

Samedi matin, j'ai travaillé au collège et l'après-midi, j'ai joué de la guitare dans ma chambre. Le soir, j'ai joué aux cartes au club des jeunes avec Martin.

Dimanche matin, j'ai fait mes devoirs. Après ça, j'ai fait de la natation et j'ai regardé la télévision.

1b Compare les mots-clés avec ton/ta partenaire. Tu as souligné les mots importants?

2 Et Nathalie et Karima? Qu'est-ce qu'elles ont fait dimanche dernier? Écoute la conversation et prends des notes. Compare avec ton/ta partenaire.

Exemple Nathalie – devoirs, …

équipe 2

Nom: _____

Lis d'abord *Équipe*, page 43.

1 Trouve un titre à la page 43 pour chaque illustration.

a

b

a _____

b _____

c _____

d _____

e _____

c

d

e

2 Relis *La Magic Box* à la page 43. Choisis la bonne réponse.

a C'est un menu complet pour les	adultes. ☐		jeunes. ☐	
b Il y a un choix de	viandes. ☐		desserts. ☐	
c Dans la Magic Box, il y a une boisson	froide. ☐		chaude. ☐	
d Il y a un dessert	craquant. ☐		à la fraise. ☐	
e La surprise change chaque	mois. ☐		semaine. ☐	

3 Qui a mangé le plus de calories? Devine!
Relis l'article à la page 43 pour vérifier les calories.

a

J'ai mangé un hamburger et des frites.

b

J'ai mangé deux portions de frites et j'ai bu deux milkshakes.

c

J'ai mangé un hamburger et un Softy Cup. J'ai bu un milkshake.

Nom: _____

	me	checked by my partner

I can ...
ask someone if they would like to go somewhere ☐ ☐
ask someone if they want to do something ☐ ☐
ask where we should meet ☐ ☐
suggest a place to meet ☐ ☐
ask at what time we should meet ☐ ☐
suggest a time to meet ☐ ☐
agree to do something ☐ ☐
say I can't do something ☐ ☐
give three excuses why I can't do something ☐ ☐

ask someone what they did last weekend ☐ ☐
say four things I did last weekend ☐ ☐
ask for a drink in a café ☐ ☐
ask for a snack in a café ☐ ☐
ask how much something is ☐ ☐
ask where the telephone is ☐ ☐
ask where the toilets are ☐ ☐
ask for a glass ☐ ☐
ask for some water ☐ ☐
ask for some salt ☐ ☐

Skills:
hesitate when I want to gain time before answering ☐ ☐
make notes in French when reading and listening ☐ ☐

Grammar:
use a few verbs in the past tense ☐ ☐

Dictionary:
look up a verb by finding the infinitive ☐ ☐

Pronunciation:
pronounce a word correctly which ends with *e* ☐ ☐

Vocabulaire

Nom: _____

À quelle heure est-ce que tu te réveilles?	*What time do you wake up?*	ranger sa chambre	*tidy your room*
Je me réveille à sept heures vingt.	*I wake up at 7.20.*	faire son lit	*make your bed*
		faire la cuisine	*do the cooking*
Je me lève.	*I get up.*	mettre le couvert	*set the table*
Je m'habille.	*I get dressed.*	faire la vaisselle	*do the washing-up*
Je prends le petit déjeuner.	*I have breakfast.*	faire le ménage	*do the housework*
Je me lave.	*I wash.*	faire les courses	*do the shopping*
Je me brosse les dents.	*I brush my teeth.*		
Je me couche.	*I go to bed.*	Qu'est-ce que tu as fait ce week-end?	*What did you do this weekend?*
Je m'endors.	*I go to sleep.*	Tu as rangé ta chambre?	*Did you tidy your room?*
Il se prépare.	*He gets ready.*		
Il s'habille.	*He gets dressed.*	Hier, j'ai fait mon lit.	*Yesterday, I made my bed.*
Il s'entraîne.	*He trains.*		
Il se détend.	*He relaxes.*	Je n'ai pas rangé ma chambre.	*I didn't tidy my room.*
Il se repose.	*He rests.*		
Elle s'amuse.	*She enjoys herself.*	Lundi, j'ai fait la vaisselle.	*On Monday I did the washing up.*
Elle s'ennuie.	*She gets bored.*		
		Hier, je n'ai pas fait mes devoirs.	*Yesterday, I didn't do my homework.*
Ils se couchent tard.	*They go to bed late.*		
Ils sont sympa.	*They are nice.*	Pendant la semaine, je me lève à sept heures.	*During the week, I get up at 7 o'clock.*
Ils ne respectent pas la discipline.	*They don't respect discipline.*		
Ils ne se lèvent pas avant midi.	*They don't get up before midday.*	Je quitte la maison à huit heures.	*I leave the house at 8 o'clock.*
Ils se disputent avec …	*They argue with …*	Je rentre à quatre heures.	*I get home at 4 o'clock.*
Ils ne s'intéressent pas au travail scolaire.	*They are not interested in school work.*		
		Le soir, on mange à six heures.	*In the evening, we eat at 6 o'clock.*
Ils s'ennuient.	*They are bored.*	Le week-end, …	*At the weekend, …*
Ils se ressemblent.	*They all look alike.*		
Oui, je suis d'accord.	*Yes, I agree.*		
Non, je ne suis pas d'accord.	*No, I don't agree.*		

1 Écoute et choisis le bon symbole.

Nom: _____

a

c

e

b

d

f

2 Écoute et coche la grille.

Luc							
Farida							
Max							
Charlotte							
Kévin							
Céline							

3 Écoute et réponds aux questions.

a Charlie a fait la vaisselle? Pourquoi? _____

b Qu'est-ce qu'il a fait l'après-midi? _____

c Il a fait les courses? _____

d Il a rangé sa chambre? Pourquoi? _____

e Qu'est-ce qu'il a fait pour le dîner? _____

équipe 2

Partenaire A

1 Lis le planning. Réponds aux questions de ton/ta partenaire.

> Mercredi, Michel a fait la cuisine.

2 Pose des questions à ton/ta partenaire et complète le planning.

> Qu'est-ce que Michel a fait lundi?

	Michel	*Pauline*	*Sébastien*	*Estelle*
lundi		cuisine		ménage
mardi		courses		vaisselle
mercredi	cuisine		ménage	
jeudi		chambre		couvert
vendredi		vaisselle	chambre	

Partenaire B

1 Pose des questions à ton/ta partenaire et complète le planning.

> Qu'est-ce que Michel a fait mercredi?

2 Lis le planning. Réponds aux questions de ton/ta partenaire.

> Lundi, Michel a fait les courses.

	Michel	*Pauline*	*Sébastien*	*Estelle*
lundi	courses		vaisselle	
mardi	ménage		cuisine	
mercredi		couvert		chambre
jeudi	vaisselle		courses	
vendredi	couvert			cuisine

1a Qu'est-ce que ton/ta partenaire a fait le week-end dernier? Pose des questions et écris ✔ ou ✘.

Nom: _____

A Tu as fait ton lit?

B Oui, j'ai fait mon lit.

ou Non, je n'ai pas fait mon lit.

a

b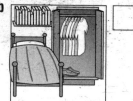

c

d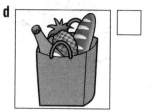

e

f

g

1b Réponds aux questions de ton/ta partenaire.

2 Dessine trois symboles pour Max. Explique à ton/ta partenaire ce qu'il a fait.

Max a fait son lit ...

équipe 2

1 ☐ = une lettre de l'alphabet.
Écris les lettres. Trouve le message de Charlie.

Nom: _____

___ ___ ___ ___ ___ ___ ___ ___ ___ ___ ___ ___ ___ ___ ___ ___ ___ . ___ ___ ___ ___ ___?
1   8   5   16   11   18   14   12   7   2   15   17   6   13   21   4   10   19   3   9   20

1   je me réveil☐e à sept heures vingt.

2   Antoine s☐ lève à sept heures moins cinq.

3   à quelle heure est-ce que tu ☐e réveilles?

4   elle se repos☐.

5   Alice ☐e brosse les dents.

6   on ☐rend le petit déjeuner.

7   je ☐e lave dans la salle de bains.

8   elle ne se lav☐ pas le matin.

9   je me br☐sse les dents.

10   je m'habill☐ dans ma chambre.

11   ☐l se prépare pour l'entraînement.

12   le footballeur s'habill☐ dans les vestiaires.

13   le dimanche, ☐n s'amuse

14   le matin, ☐e me lève et je me lave.

15   tu te b☐osses les dents régulièrement?

16   je me prépare pour le c☐llège.

17   Pierre se dét☐nd avant le match.

18   on se ☐éveille à six heures?

19   tu ☐'habilles maintenant?

20   on s'hab☐lle tout de suite.

21   Nathalie ☐e lève plus tard le week-end.

samedi

2 Regarde les symboles. Écris un article sur le samedi de Charlie.

Le samedi, il se réveille à _____

_____

_____

_____

_____

_____

3 Décris ton samedi.

Le samedi, je me réveille à _____

1a Trouve une illustration pour chaque question.

Nom: _____

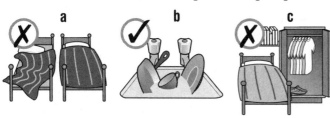

1 Tu n'as pas fait ton lit?

2 Tu as fait les courses?

3 Tu n'as pas rangé ta chambre?

4 Et toi, tu n'as pas fait le ménage?

5 Est-ce que tu as fait la vaisselle?

6 Est-ce que tu as mis le couvert dans la salle à manger?

1b Regarde les cercles. Réponds aux questions. (✔) = oui, (✗) = non.

Exemple 1 – Non, je n'ai pas fait mon lit.

2 Lis les textes, puis complète les phrases.

Martin
Ce week-end, j'ai fait la cuisine: dimanche, j'ai préparé le petit déjeuner. J'ai fait mon lit, comme tous les matins, et en plus, j'ai rangé ma chambre. Voilà! C'est tout!

Nathalie
Pour aider à la maison, j'ai rangé ma chambre et j'ai fait le ménage dans le séjour et dans le hall. Samedi, à midi, j'ai fait la cuisine: j'ai préparé une pizza pour tout le monde et j'ai aussi mis le couvert.

Karima
Ce week-end, j'ai fait mon lit et j'ai fait le ménage avec ma mère. Samedi, nous avons fait les courses au marché et au supermarché. Après le dîner, j'ai fait la vaisselle.

Antoine
Samedi matin, j'ai fait les courses au marché: j'ai acheté des légumes et des fruits. Je ne sais pas faire la cuisine, mais avant les repas, j'ai mis le couvert.

a _____ et _____ ont fait la cuisine.

b _____ et _____ ont fait leur lit.

c _____ et _____ ont rangé leur chambre.

d Antoine et Karima ont _____

e Nathalie et Karima _____

f Antoine et Nathalie _____

équipe 2

Nom: _____

⚡ Flashback ⚡

Some verbs (reflexive verbs) have a small word between the person and the verb. This word depends on the person:

person	pronoun	verb
je	**me**	lave
tu	**te**	laves
il/elle/on	**se**	lave
ils/elles	**se**	lavent

Attention!

Before *a, e, i, o, u* or *h*, use **m'**, **t'**, or **s'**
(*je m'appelle, tu t'amuses, elle s'habille*).

1 Complète les phrases.

a Je *me réveille* à sept heures dix.
[se réveiller]

b Tu _____ _____ à neuf heures
le week-end? [se lever]

c Ils _____ _____ les dents
tous les soirs. [se brosser]

d Je _____ _____ dans ma
chambre. [s'habiller]

e Paul _____ _____ pour le
match de foot. [se préparer]

f Il est huit heures mais Marie et Julie ne
_____ _____ pas. [se réveiller]

2 Trouve une phrase *(a–f)* pour chaque illustration.

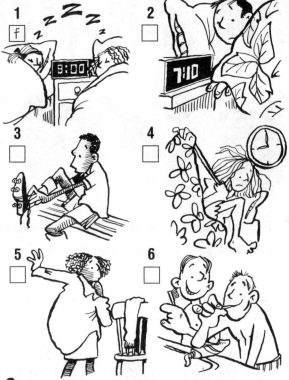

3 Invente une ou deux phrases pour ces illustrations.

a _____

_____

_____

b _____

_____

_____

Nom: _____

Flashback

To say what you didn't do in the past, use *n'… pas*.
n' goes before the part of <u>*avoir*</u> in the verb phrase, and **pas** goes after it:

oui	*non*
J'<u>ai</u> fait mon lit.	Je **n'**<u>ai</u> **pas** fait mon lit.
Tu <u>as</u> rangé ta chambre?	Tu **n'as pas** rangé ta chambre?
Ils <u>ont</u> mis le couvert.	Ils **n'**<u>ont</u> **pas** mis le couvert.

1 Suis les lignes. Fais des phrases.

Exemple

Pierre a fait la cuisine? ——————— non   ▷ Non, il n'a pas fait la cuisine.

——————— oui   ▷ Oui, il a fait la cuisine.

a Ton père a fait la vaisselle? — oui
b Tu as fait ton lit? — non
c Ils ont fait le ménage? — non
d J'ai mis le couvert? — non
e Tes copains ont fait les courses? — oui
f Anne et Marie ont fait le ménage? — non
g Ta sœur a rangé sa chambre? — non
h Tu as visité Paris? — non

2  Décris ce que tu as fait hier et ce que tu n'as pas fait.

Partenaire A

Partenaire B

3 Pierre et Paul sont paresseux. Décris ce qu'ils ont fait ce week-end (choisis deux activités) et ce qu'ils n'ont pas fait (les autres activités).

• faire leurs devoirs • faire la cuisine • regarder la télévision

• téléphoner à leurs copains • aider à la maison

• promener le chien • laver la voiture

• aller voir leur grand-mère • jouer au football

équipe 2

Flashback

Nom: _____

In a dictionary, verbs are listed under their infinitive. So when you see *il a raconté*, think what the infinitive might be (*raconter*?) and look that up.

1 Trouve l'infinitif. Cherche l'anglais dans un dictionnaire.

	infinitif	anglais
a J'ai *discuté* avec mon copain.	_____	_____
b Elle *rassure* ses parents.	_____	_____
c Tu *loues* un vélo?	_____	_____
d Les petites bêtes *piquent*.	_____	_____
e Ne *gratte* pas.	_____	_____
f Il *réussit* toujours.	_____	_____

Flashback

If you want to look up a reflexive verb, ignore the pronoun and look under the first letter of the verb: for example, for *s'intéresser*, look under *i* for *intéresser*.

2 Encercle la lettre que tu vas chercher. Cherche l'infinitif dans un dictionnaire.

	infinitif	anglais
a Elle se méfie des serpents.	_____	_____
b Mon frère et moi, on s'entend bien.	_____	_____
c La maladie se manifeste ainsi.	_____	_____
d Je m'ennuie ici.	_____	_____
e Ils se penchent par la fenêtre.	_____	_____

Flashback

When you translate from French to English, you have to think of the sense. Don't translate every word mechanically: think what sounds most natural.

3 Traduis en anglais ces phrases d'*Équipe 2*.

Exemple *Je prends le petit déjeuner*
     ✗ *I take the little lunch.*
     ✔ *I have breakfast.*

a Je voudrais bien sortir avec vous.
b Ce matin, j'ai fait le ménage.
c Il se repose en famille à la maison.
d Ils se ressemblent tous.

Adapter un texte

Sometimes you can adapt a letter, a description or other French text to write about yourself. In order to do this, you need to be able to identify:

• the parts of the text that will have to change and
• the parts of the text that you will need to take out completely.

Nom: _____

Exemple *Je m'appelle <u>Marie</u> et j'ai <u>onze</u> ans. Je suis <u>grande</u> et je suis <u>brune</u>. J'aime <u>le judo</u> et <u>le basket</u>. Le basket est super! Je n'aime pas <u>la lecture</u>. Je vais <u>au collège Jeanne d'Arc à Rouen</u>. Je me lève <u>à sept heures moins dix</u> le matin.*

Version adaptée *Je m'appelle <u>Laura</u> et j'ai <u>douze</u> ans. Je suis <u>petite</u> et je suis <u>blonde</u>. J'aime <u>le dessin</u> et <u>le cinéma</u>. Je n'aime pas <u>le sport</u>. Je vais à <u>Thomas Tallis School</u> à <u>Londres</u>. Je me lève <u>à sept heures vingt</u> le matin.*

1 Pour chaque description:
a Lis le texte.
b Souligne les mots à changer.
c Recopie la description avec tes détails personnels.

A

Je m'appelle Jean-Noël Chevalier et je suis canadien. J'ai quinze ans. Tu as quel âge? J'habite avec ma mère et mon frère. Nous habitons un appartement en ville. Le matin, je me lève à sept heures et quart. Je vais au collège en bus.

B

Chère Nathalie
Est-ce que tu aides à la maison? Je fais mon lit tous les matins et je fais la vaisselle le soir après le dîner. Le week-end, je dois ranger ma chambre. J'aime bien ça. Je partage ma chambre avec ma sœur. Elle s'appelle Catherine. Hier, j'ai fait les courses au supermarché avec mon père. Je n'aime pas faire les courses.

C

Le matin, je me réveille à six heures et demie et je me lève à sept heures (j'écoute la radio pendant une demi-heure). Je me lave et je m'habille dans la salle de bains. À sept heures vingt, je prends le petit déjeuner dans la salle à manger. Je mange un yaourt, des biscuits et je bois du lait. Avant de partir au collège, je fais mon lit et je range ma chambre. Le soir, je rentre à cinq heures moins vingt. Je fais mes devoirs. On mange à six heures et demie. Après le dîner, je fais la vaisselle et je regarde la télé. Je me couche à neuf heures et demie.

Nom: _____

Lis d'abord *Équipe*, page 57.

1 Écoute. C'est Olivier ou Manuel?

2a Lis les lettres, page 57. C'est qui: Sophie, Olivier ou Manuel?

a X ne fait pas son lit. _____M@nuel_____ (entoure la deuxième lettre)

b X partage sa chambre. _____(entoure la quatrième lettre)

c X habite un appartement. _____ (entoure la septième lettre)

d X a treize ans. _____(entoure la sixième lettre)

e X prépare le dîner. _____(entoure la quatrième lettre)

f X n'est pas d'accord avec ses parents. _____ (entoure la deuxième lettre)

g X se couche à huit heures._____ (entoure la cinquième lettre)

h Sa sœur n'aide pas à la maison. _____ (entoure la septième lettre)

2b Écris les lettres entourées dans l'ordre pour trouver le message de Charlie.

_ _ _ _ _ _ _ _!

3 Écris une lettre à Valérie.
Choisis un des problèmes suivants.

Je fais la vaisselle tous les jours.
Mon frère n'aide pas.

Je partage ma chambre avec
ma sœur. Elle ne range pas.

Mes parents sont sévères. Je dois faire
mes devoirs tous les soirs et le week-end.

Nom: _____

	me	checked by my partner

I can ...
say six things about my daily routine ❑ ❑
say what time I get up ❑ ❑
say what time I go to bed ❑ ❑
talk about someone else's routine (five things) ❑ ❑
talk about what teenagers do ❑ ❑
say what teenagers don't do ❑ ❑
say I agree and disagree ❑ ❑
name six household tasks ❑ ❑
ask someone what they did last weekend ❑ ❑
say what I did in the house yesterday ❑ ❑
say what I didn't do yesterday ❑ ❑

Skills:
remember that you don't always translate French word for word ❑ ❑
adapt a text to talk about my own situation ❑ ❑

Grammar:
use reflexive verbs (*se lever, s'habiller*, etc.) in the present tense, ❑ ❑
   and know their endings
use the negative of reflexive verbs ❑ ❑
use the perfect tense in the negative: say I did <u>not</u> do something ❑ ❑

Dictionary:
look up reflexive verbs ❑ ❑

Pronunciation:
pronounce the sound *qu* correctly ❑ ❑

équipe 2

Nom: _____

C'est quand, ta fête?	*When is your saint's name-day?*
C'est le 2 avril.	*It's 2nd April.*
Noël	*Christmas*
le Nouvel An	*New Year*
la fête des Rois	*Epiphany*
Pâques	*Easter*
l'Aïd-el-Fîtr	*Eid*
le Premier avril	*April Fool's day*
la fête des mères	*Mother's day*
un anniversaire	*a birthday*
Vive le roi! Vive la reine!	*Long live the King! Long live the Queen!*
Bon anniversaire!	*Happy Birthday!*
Poisson d'avril!	*April Fool!*
Bonne année!	*Happy New Year!*
Bonne fête, maman!	*Happy Mother's day, mum.*
Aïd Mubarak!	*Happy Eid!*
Joyeux Noël!	*Merry Christmas!*
Joyeuses Pâques!	*Happy Easter!*
C'est quoi, ta fête préférée?	*Which is your favourite occasion?*
C'est Noël.	*It's Christmas.*
Comment est-ce que tu fêtes Noël?	*How do you celebrate Christmas?*
Comment est-ce que tu fêtes ton anniversaire?	*How do you celebrate your birthday?*
Qu'est-ce que tu manges?	*What do you eat?*
Qu'est-ce que tu bois?	*What do you drink?*
Est-ce que tu as des cadeaux?	*Do you have any presents?*
Je fais une boum.	*I have a party.*
Mes grands-parents viennent manger.	*My grandparents come for a meal.*

Je vais au bal.	*I go to a dance.*
Je vais chez mes grands-parents.	*I go to my grandparents'.*
Je/On mange un bon repas.	*I/We eat a good meal.*
une grosse dinde	*a big turkey*
Je bois/On boit de la limonade.	*I/We drink lemonade.*
un peu de champagne	*a little champagne*
du cidre	*cider*
du coca	*cola*
On va voir un feu d'artifice.	*We go to see a firework display.*
J'ai beaucoup de cadeaux.	*I have a lot of presents.*
J'ai un cadeau.	*I have one present.*
Cette année ...	*This year ...*
Je suis allé(e) au temple.	*I went to the temple.*
Je suis allé(e) à la messe.	*I went to mass.*
J'ai pique-niqué.	*I had a picnic.*
J'ai fait un concours.	*I did a competition.*
On a mis des bougies ...	*We put candles ...*
Ma famille est venue ...	*My family came ...*
On a mangé ... et on a bu ...	*We ate...and drank...*
On est allés voir le feu d'artifice.	*We went to see the fireworks.*
Nous avons mis un costume.	*We put on costumes.*
Nous sommes allés dans les rues.	*We went out in the streets.*
Nous avons fait une petite fête.	*We had a small celebration.*
Nous avons jeté des oranges dans les rues.	*We threw oranges in the street.*
Nous sommes allés voir ...	*We went to see ...*
Divali: la fête de la lumière.	*Diwali: the festival of light.*

Nom: _____

1a Avant d'écouter le dialogue, relie et fais dix questions comme dans l'exemple.

1	Tu t'appelles	habites-tu?
2	Tu as	regarder à la télé?
3	Où	ton look préféré?
4	Tu as	comment?
5	C'est quoi,	quel âge?
6	Qu'est-ce que tu mets	des frères et sœurs?
7	Qu'est-ce que tu aimes	c'est quoi?
8	Ton film préféré,	pour aller au collège?
9	Qu'est-ce que tu aimes	c'est quoi?
10	Ta fête préférée,	manger?

1b 🔊 Écoute pour vérifier.

2a 🔊 Écoute. Choisis la bonne réponse à chaque question.

1 Il s'appelle
   a Hugo.   **b** Arnaud.

2 Il a
   a 10 ans.   **b** 12 ans.

3 Il habite à
   a Beck.   **b** Dieppe.

4 Il a
   a une sœur.   **b** deux sœurs.

5 Son look préféré, c'est
   a décontracté.   **b** habillé.

6 Pour aller au collège, il met (trois réponses)
   a une jupe; **b** un jean; **c** une chemise;
   d un sweat; **e** un short; **f** un tee-shirt

7 Il aime regarder
   a les infos et la météo.
   b les infos et les documentaires.

8 Son film préféré, c'est
   a *Starship Entreprise*.
   b *Starship Troopers*.

9 Il aime manger (trois réponses)
   a les hamburgers; **b** le jambon-beurre;
   c les frites; **d** les chips; **e** le coca;
   f le chocolat

10 Sa fête préférée, c'est
   a Noël, pour les cadeaux.
   b Noël, pour le repas.

2b 🔊 Réécoute pour vérifier.

équipe 2

1 Avec ton/ta partenaire, suis les flèches et invente des conversations.

Nom: _____

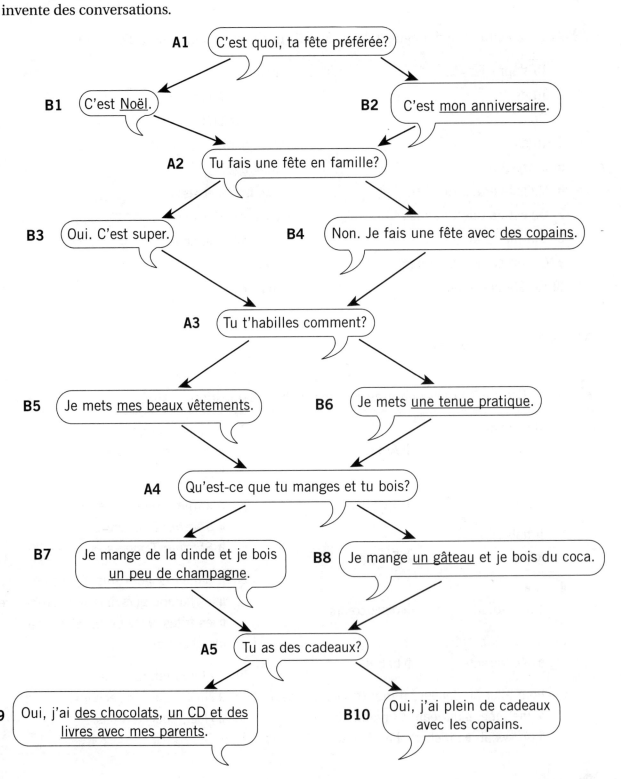

A1 C'est quoi, ta fête préférée?

B1 C'est <u>Noël</u>.

B2 C'est <u>mon anniversaire</u>.

A2 Tu fais une fête en famille?

B3 Oui. C'est super.

B4 Non. Je fais une fête avec <u>des copains</u>.

A3 Tu t'habilles comment?

B5 Je mets <u>mes beaux vêtements</u>.

B6 Je mets <u>une tenue pratique</u>.

A4 Qu'est-ce que tu manges et tu bois?

B7 Je mange de la dinde et je bois <u>un peu de champagne</u>.

B8 Je mange <u>un gâteau</u> et je bois du coca.

A5 Tu as des cadeaux?

B9 Oui, j'ai <u>des chocolats</u>, <u>un CD et des livres avec mes parents</u>.

B10 Oui, j'ai plein de cadeaux avec les copains.

2 Inventez d'autres réponses aux questions *A1–5*. Change les expressions soulignées.

1 Qu'est-ce que tu as fait pour Halloween et Guy Fawkes? Coche la grille.

2 Pose des questions à ton/ta partenaire et coche ce qu'il/elle a fait pour Halloween et Guy Fawkes.

Nom: _____

> Est-ce que tu as mis des bougies dans une citrouille pour Halloween?

3 Réponds aux questions de ton/ta partenaire.

> Oui, j'ai regardé une cassette vidéo.

Pour t'aider

| je suis | allé(e) à une boum |
| tu es | allé(e) au feu d'artifice |

	mis des bougies dans une citrouille
j'ai	mis un costume
tu as	eu de l'argent
	regardé une cassette vidéo

	HALLOWEEN		GUY FAWKES	
	moi	**partenaire**	**moi**	**partenaire**

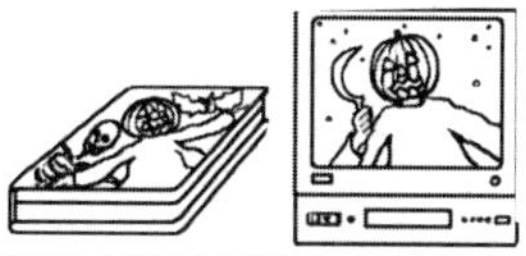				

Nom: _____

1 Relie les messages aux cartes.

Exemple 1 – a

1 Bon anniversaire!
2 *Bonne année!*
3 Joyeux Noël!
4 Bonne fête, Maman!
5 *Bonne fête!*

a

b

c

11 décembre
DANIEL

d

e

1 janvier

Mots croisés

2 Lis les définitions. Trouve les mots et complète la grille.

Définitions

Verticalement

1 J'ai 13 ans aujourd'hui, c'est mon _____ .
4 J'ai invité des copains à ma _____ d'anniversaire.
5 On fête l'_____ à la fin du Ramadan.
7 Pour _____ , j'ai eu des œufs en chocolat.
9 On a mangé une grosse _____ à Noël.
10 «Bonne_____ , maman!»

Horizontalement

2 « _____ anniversaire!»
3 On fête _____ le 25 décembre.
6 Le 1er janvier, c'est le _____ .
8 J'ai eu beaucoup de _____ pour mon anniversaire.
11 J'ai mis mes beaux _____ à Noël.
12 J'ai eu un _____ de Pâques en chocolat.

boum Pâques dinde cadeaux
anniversaire œuf Aïd fête
Nouvel an Noël bon vêtements

(Grille de mots croisés)

1 A
2 N
3 N
4 I
5 V
6 E
R
7 S
8 A
9 I
10 R
11 E
12

Nom: _____

Salut!

1 Moi, j'adore le jour de l'Aïd! C'est ma fête préférée. C'est sympa.

2 Ce jour-là, je m'_____bien. Je mets mon beau pantalon noir, une chemise blanche, une veste grise … et une _____ !

3 Le matin, avec mes frères et ma sœur, je vais voir ma grand-mère, mon oncle, ma _____ et mes cousins. Le soir, on fait la fête chez moi.

4 Chez mon oncle, on mange du pain arabe, des petits gâteaux _____ et on boit du _____ à la menthe.

5 Comme _____ , la famille nous donne un peu d'argent. Ça fait un peu d'argent de poche!

6 Le soir, la famille se retrouve chez moi. Ma mère fait de la chorba, un couscous et beaucoup de gâteaux.

7 On met de la musique_____ , on danse, on s'amuse bien. Avec mes cousins, on regarde un peu la télé: on a la télé tunisienne par satellite. On_____très très tard! C'est génial!

Raconte-moi aussi ta fête préférée!
À bientôt!

Omar

1 Lis la lettre d'Omar en entier.

2 Écris les bons mots dans les trous.

| se couche   tante |
| tunisiens   habille |
| cadeau   cravate |
| thé   tunisienne |

3 Quelle(s) partie(s) de la lettre répond(ent) à ces questions?

a C'est quoi, ta fête préférée? ☐ 1
b Qu'est-ce que tu fais ce jour-là? ☐ ,
c Est-ce que tu as des cadeaux? ☐
d Qu'est-ce que tu manges? ☐ ,
e Qu'est-ce que tu bois? ☐
f Tu t'habilles comment? ☐

4 Écris une lettre à Omar. Réponds aux questions de l'activité 3.

équipe 2

Nom: _____

French adjectives change their endings to agree with the noun they describe. The general rules are:

– add an *-e* if the word is feminine (*un pull vert/une jupe verte*).

– add an *-s* if the word is plural (*des pulls verts/des jupes vertes*).

Some adjectives do not follow this rule. The most important ones are *beau, bon, gros,* and *nouveau*.

masculine		feminine	
singular	plural	singular	plural
beau	*beaux*	*belle*	*belles*
bon	*bons*	*bonne*	*bonnes*
gros	*gros*	*grosse*	*grosses*
nouveau	*nouveaux*	*nouvelle*	*nouvelles*

1 Complète avec la bonne forme de l'adjectif *beau*.

25 décembre
Cher journal,
Pour Noël, j'ai mis
mes _____ vêtements:
mon _____ pantalon,
ma _____ chemise et
mes _____ chaussures.

2 Choisis la bonne forme des adjectifs.

À midi, on a mangé une gros/grosse dinde avec des frites et de beau/beaux marrons. Mamie a fait une bûche au chocolat blanc/blanche. C'était une nouveau/nouvelle recette. Elle était très bon/bonne.

3 Complète avec la bonne forme de l'adjectif *nouveau*.

Le soir, on a joué avec les _____

jeux de mon frère Laurent: il a eu un

Monopoly et Othello. Après, on a regardé

ma _____ cassette vidéo:

c'est le _____ film de Mr Bean.

J'adore! Ses _____ aventures

sont très très marrantes!

Nom: _____

Flashback

To say what you did in the past, you need to use *avoir* + <u>past participle of the verb</u>: *J'ai <u>mangé</u>. Elle **a** <u>mangé</u>.*

1 Complète les bulles avec la bonne forme du verbe *avoir*.

On travaille aussi le 24 décembre!

1 Qu'est-ce que vous _____ fait hier soir?

2 Moi, j' _____ fait la cuisine!
Ils _____ fait la vaisselle!
Nous _____ travaillé très tard!

3 Qu'est-ce que tu _____ fait hier soir?

4 Avec mon père, on _____ joué dans une pièce de théâtre.

Flashback

To talk about the past using *aller/venir*, you need to use *être* + <u>past participle</u>: *Je **suis** <u>allé(e)</u> au bal. Il **est** <u>venu</u> avec moi.*

When the past participle follows *être*, it has to agree like an adjective:

(masc. sing) *il est allé*
(masc. plur) *ils sont allés*
(fem. sing) *elle est allée*
(fem. plur.) *elles sont allées*

2 Complète avec la bonne forme du verbe *être*.

a Ton frère va à la piscine?
Non, il _____ allé à la piscine hier soir!

b Tu _____ allé en ville hier?
Non, je _____ allé en ville ce matin.

c Vous _____ allés chez Léo?
Non, on _____ allés chez Pascal.

d Elle _____ allée voir sa grand-mère?
Non, sa sœur et elle, elles _____ allées se promener.

3 Complète avec la bonne forme du participe passé de *aller (allé)* ou de *venir (venu)*.

Pour son anniversaire, Éric a organisé une boum. Tous ses copains sont _____ . Même Laura, sa correspondante anglaise, est _____ de Londres! Un magicien est _____ faire un spectacle. Après, Éric est _____ dans sa chambre: il a apporté des costumes rigolos. On a mis les costumes et on est _____ dans un café. Isabelle et Vanessa sont _____ commander des limonades. C'était drôle! À six heures, Laura est _____ à la gare prendre son train. C'était une super journée.

Nom: _____

Practise memorizing!
There are various methods you can use to memorize words or texts.
Try them all and use the one(s) which suit(s) you best.

Voici une chanson de Noël (chanté sur l'air de *Silent Night*).

1 Douce nuit, sainte nuit
2 Tout est calme, seul veille
3 Le saint couple, Joseph et Marie
4 Le bel enfant aux cheveux bouclés
5 Repose d'un sommeil céleste

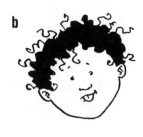

douce – *soft, mild*	bouclé – *curly*
saint(e) – *holy*	reposer – *to rest*
seul – *only*	le sommeil – *sleep*
veiller – *to be awake*	céleste – *heavenly*

 Écoute pour apprendre!

1a Écoute et lis.

1b Écoute la version avec des pauses. Répète.

Dessine pour apprendre!

2a Relie chaque vers à un symbole.
Exemple 1 – c

2b À toi de faire un symbole pour chaque vers.

Écris pour apprendre!

3a Complète le texte.

Douce _____, sainte _____

Tout est _____, _____ veille

Le saint _____, _____ et

_____

Le bel _____ aux _____ bouclés

_____ d'un sommeil céleste

3b Écris le texte de mémoire.

Ça se dit comme ça!

Intonation
This section normally helps you practise the French way of pronouncing individual words. It is also important to practise saying phrases and whole sentences in French. This is called intonation: how your voice goes up or down, which part of the word you need to stress, etc.

1 🔊 Écoute et regarde. Répète avec la cassette.

Je m'appelle Dominique.

Ma fête, c'est le 8 août.

Mon anniversaire, c'est le 4 septembre.

Ma fête préférée, c'est Noël.

J'adore le chocolat!

2a 🔊 Écoute et dessine l'intonation.

– Ça va, Charlie?

– Ça va.

– C'est ta fête aujourd'hui?

– Non. Pourquoi?

– C'est la saint-Modeste!

2b 🔊 Écoute et répète. Copie l'intonation!

Dictionnaire

When you read a text with new words, you don't necessarily need a dictionary. Some new words look like English words you know: you can guess their meaning.

1 Lis et traduis. Ne regarde pas dans le dictionnaire!

a On visite les monuments religieux: la cathédrale, le temple, la mosquée et la synagogue.
We are visiting _____
_____
_____

b J'aime les fruits, spécialement les abricots, les pêches, les mangues et les nectarines.
I like _____
_____

c Il dit que des extraterrestres ont kidnappé son labrador.
He says that _____
_____

d C'est la mi-temps du match de demi-finale de la coupe du monde.
_____
_____

Nom: _____

Lis d'abord *Équipe*, page 69, deux fois. Ensuite, fais les activités 1–6 de mémoire.

L'Épiphanie

1 Entoure les mots qui sont dans le texte.

roi prince rond carré crêpe plat sucré portion part fièvre fève couronne chapeau doré carton papier vive reine

2 Relie les mots du texte aux mots anglais.

king =   flat =

charm =   paper =

queen =   round =

crown =   portion =

3 Écris quatre renseignements sur l'Épiphanie.

Exemple   *C'est 12 jours après Noël.*

_____

_____

_____

_____

Le Réveillon

4 Trouve et corrige les cinq erreurs.

Le 24 décembre, c'est le jour de Noël; le 30 décembre, c'est le réveillon de la Saint-Sylvain.

En général, pour le réveillon, on mange tôt. C'est un bon repas, avec des huîtres, du champagne

et des plats simples!

✂ -

5 Complète le texte.

Le 24 _____ , c'est le _____ de Noël; le _____

décembre, c'est le _____ de la Saint-Sylvestre. En général, pour le réveillon,

on _____ tard. C'est un _____ repas, avec des _____,

du _____ et des plats _____ !

6 Maintenant, tu peux écrire le texte de mémoire?

Nom: _____

	me	checked by my partner

I can ...
ask when someone's saint's name-day is ☐ ☐
say when my saint's name-day is ☐ ☐
name six special events ☐ ☐
wish someone Happy Birthday ☐ ☐
wish someone Merry Christmas ☐ ☐
wish someone Happy New Year ☐ ☐
wish someone Happy Easter ☐ ☐
say April Fool to someone ☐ ☐
wish someone Happy Mother's day ☐ ☐
ask what someone's favourite celebration is ☐ ☐
say what my favourite occasion is ☐ ☐
ask someone how they celebrate a particular occasion ☐ ☐
say what I eat and drink for a particular occasion ☐ ☐
say what I do for a particular occasion including:
    who I see ☐ ☐
    what I do ☐ ☐
    where I go ☐ ☐
    if I receive presents ☐ ☐
say what I did for a particular occasion this year ☐ ☐

Skills:
memorize a text ☐ ☐
give tips on how to revise ☐ ☐

Grammar:
list some irregular adjectives and write them correctly ☐ ☐
say *I went* in the past tense ☐ ☐

Dictionary:
recognize whether words are nouns, adjectives or verbs ☐ ☐
recognize some French words which are similar to English ones ☐ ☐

Pronunciation:
copy the French way of saying greetings, by using my voice correctly ☐ ☐
pronounce words which end in -*n* correctly (the *n* is pronounced ☐ ☐
    when followed by a vowel)

19 juillet

15 juin

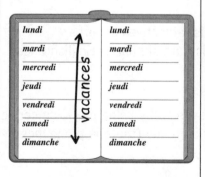

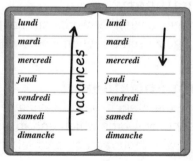

Nom: _____

le train	train	D'abord, je suis resté(e) à la maison.	First of all, I stayed at home.
le bateau	boat	J'ai regardé la télé.	I watched TV.
l'avion	plane	J'ai retrouvé mes copains.	I met up with my friends.
l'aéroglisseur	hovercraft		
le Shuttle	the Shuttle	On a fait du vélo.	We went cycling.
Je prends le bateau.	I go by boat.	On est allés au cinéma.	We went to the cinema.
en voiture	by car	On a joué au foot.	We played football.
en bus	by bus	Je suis allé(e) dans un camp de vacances.	I went to a holiday camp.
en car	by coach	On a fait des excursions.	We went on trips.
en métro	by tube	On a visité des châteaux et des musées.	We visited castles and museums.
à vélo	by bike	On a fait du sport.	We played sport.
à mobylette	by moped	On est allés à la plage.	We went to the beach.
à pied	on foot		
Je vais à l'école à pied.	I walk to school.	Après, je suis allé(e) …	Afterwards, I went …
au club des jeunes	to the youth club	C'était comment?	What was it like?
aux magasins	to the shops	C'était vraiment génial.	It was really good.
au cinéma	to the cinema	C'était nul.	It was awful.
à la piscine	to the swimming pool	sympa	nice/super/great
		moche	horrible
Tu es allé(e) où?	Where did you go?	long	long
Je suis allé(e) à Paris.	I went to Paris.		
Je suis allé(e) en France.	I went to France.	Il y a un bateau à quelle heure le matin?	What time is there a boat in the morning?
Tu es parti(e) quand?	When did you leave?	Il y a un ferry à quelle heure l'après-midi/le soir?	What time is there a ferry in the afternoon/ evening?
Je suis parti(e) le 20 juillet.	I left on 20th July.		
Tu es resté(e) combien de temps?	How long did you stay?		
Je suis resté(e) un week-end.	I stayed a weekend.	C'est combien, l'aller-retour?	How much is a return?
dix jours	ten days		
une semaine	a week	C'est combien, l'aller simple?	How much is a single?
un mois	a month		
		pour un piéton	for a foot passenger
Tu as voyagé comment?	How did you travel?	pour une voiture et deux personnes	for a car and two people
J'ai pris le bateau.	I took the boat.	pour une journée	for a day
Je suis arrivé(e)	I arrived	pour cinq jours	for five days
Je suis entré(e)	I went in		
Je suis monté(e)	I climbed/got on		
Je suis tombé(e)	I fell		
Je suis rentré(e)	I came back		
Je suis venu(e)	I came		
Qu'est-ce que tu as fait pendant les vacances?	What did you do during the holidays?		

1 🔊 Écoute les clients d'une agence de voyages et mets le numéro (1 ou 2) près des symboles.

Nom: _____

a ☐  **↑ London**

b ☐ **↑ Newhaven**

c ☐

d ☐

e ☐  **10.30**

f ☐ **17.00**

g ☐  **lundi 3**

h ☐  **lundi 3 mardi 4 mercredi 5**

2 🔊 Écoute la conversation. Choisis la bonne réponse.

1 Il va à Londres / (Newhaven.)

2 Il part à 3 h 45 / 10 h 30.

3 Il veut un aller simple / un aller-retour.

4 Il veut un billet pour deux piétons / pour une voiture et deux personnes.

5 Il va en Angleterre pour une journée / cinq jours.

3a 🔊 Écoute les conversations et remplis la fiche de réservation.

	Client 1	*Client 2*
Destination		
Aller simple/aller-retour		
Nombre de passagers piétons		
Voiture + nombre de passagers		
Durée du séjour		

3b Regarde les tarifs dans *Équipe*, page 78. C'est combien, le billet?   Client 1 _____   Client 2 _____

Partenaire A

1 Coche deux destinations et deux moyens de transport.   *Exemple*   *la plage/en bus.*

2 Devine les deux destinations et les deux moyens de transport de B. Réponds aussi aux questions de B. Le premier à deviner gagne!

A (Tu es allé(e) à la plage?)   B (Non. À moi: Tu es allé(e) … ?) *ou* (Oui! Je suis allé(e) à la plage.)

A (Tu es allé(e) à la plage à pied?)   B (Non, je ne suis pas allé(e) à la plage à pied.) *ou* (Oui, gagné!)

	bus	métro	voiture	vélo	pied
la plage					
le centre-ville					
l'aquarium					
l'église					

Partenaire B

1 Coche deux destinations et deux moyens de transport.   *Exemple*   *la plage/en bus.*

2 Devine les deux destinations et les deux moyens de transport de A. Réponds aussi aux questions de A. Le premier à deviner gagne!

B (Tu es allé(e) à la plage?)   A (Non. À moi: Tu es allé(e) … ?) *ou* (Oui! Je suis allé(e) à la plage.)

B (Tu es allé(e) à la plage à pied?)   A (Non, je ne suis pas allé(e) à la plage à pied.) *ou* (Oui, gagné!)

	bus	métro	voiture	vélo	pied
la plage					
le centre-ville					
l'aquarium					
l'église					

équipe 2

en Espagne à Paris dans le Yorkshire le 23 juillet le 4 août

le 20 décembre

une semaine

un week-end

10 jours

le train

la voiture

l'avion

A interviewe **B** sur ses vacances. Ensuite, **B** interviewe **A**.
Prépare tes réponses à l'avance. Note les réponses de ton/ta partenaire.

1 Tu es allé(e) où?

Réponse Je suis allé(e) _____

Réponse de ton/ta partenaire _____

2 Tu es parti(e) quand?

Réponse Je suis parti(e)_____

Réponse de ton/ta partenaire _____

3 Tu es resté(e) combien de temps?

Réponse Je suis resté(e)_____

Réponse de ton/ta partenaire _____

4 Tu as voyagé comment?

Réponse J'ai pris le/la/l'_____

Réponse de ton/ta partenaire _____

5 Qu'est-ce que tu as fait?

Réponse J'ai / Je suis _____

Réponse de ton/ta partenaire _____

6 C'était comment?

Réponse C'était _____

Réponse de ton/ta partenaire _____

nul génial super fait du sport allé(e) à la plage visité les monuments

1 Réponds comme dans l'exemple.

Nom: _____

à vélo • en bus • en car • par avion • en bateau • à pied

1 Je vais à l'école à vélo. Et toi?

Moi aussi, je vais *à l'école à vélo.*

2 Tu vas à la plage à vélo?

Non, je vais _____

3 Comment est-ce qu'il va à la poste?

Il va _____

4 Vous allez au marché à pied?

Non, on va _____

5 Nous allons en Angleterre en avion. Et vous?

Nous allons _____

6 Nous allons à Paris en train.

Mais non! Vous allez _____

7 Comment est-ce qu'elles vont aux États-Unis?

Elles vont _____

équipe 2

Qui est allé où et comment? Quel puzzle!

Nom: _____

1 Lis les indices. Barre (✗) ou coche (✔) la grille.

Indices

a Luc n'est pas allé en Belgique. Il n'est pas allé en Italie.

b Lucie est allée en Irlande, mais elle n'a pas pris le bateau.

c Un garçon est allé en Belgique en train.

d Une fille est allée en Espagne à mobylette.

e Agnès n'est pas allée en Italie.

f Marc et Léa n'ont pas pris le car.

g Pour aller en Angleterre, elle a pris le bateau.

h Pour aller en Italie, il a pris le car.

i Léa est partie à mobylette.

j Un garçon est allé en Allemagne en voiture.

		PAYS						TRANSPORT					
		Belgique	Italie	Espagne	Angleterre	Allemagne	Irlande	🚢	🚃	🛵	🚌	🚗	✈
F I L L E S	Léa												
	Lucie												
	Agnès												
G A R Ç O N S	Marc												
	Luc												
	Pierre												

2 Regarde la grille et fais des phrases. Compare tes résultats avec un(e) partenaire.

Exemple *Léa est allée en Espagne à mobylette.*

Nom: _____

Flashback

Remember that when you use the perfect tense of verbs with *être*, the past participle must agree with the subject: add an extra *-e* for feminine, an extra *-s* for masculine plural and *-es* for feminine plural.

1   Complète les légendes avec les verbes au passé composé.

1
Ils *[partir]* _____ sont partis _____ vendredi.

2
Ils *[monter]* _____ dans le ferry.

3
Elle *[descendre]* _____ dans la cabine.

4
Elle *[tomber]* _____ de la couchette!

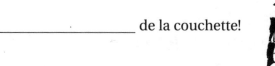

5
Ils *[arriver]* _____ à Dieppe le matin.

6
Ils *[aller]* _____ à l'hôtel Merlin.

7
Il *[entrer]* _____ dans un restaurant.

8
Il *[sortir]* _____ sans payer!

9
Elle *[rentrer]* _____ en Angleterre dimanche soir.

10
Il *[rester]* _____ à l'hôtel, faire la vaisselle!

Nom: _____

Most verbs use *avoir* in the perfect tense. The verbs which use *être* usually describe a movement.

1 Complète les bulles avec *être* ou *avoir*. Accorde le participe passé si c'est nécessaire!

1 Nathalie   J'_____ parlé____ avec Martin.

2 Martin   Ma mère _____ parti____ habiter à Nice.

3 Martin   Je ne _____ pas parti____ à Nice en stop.

4 Martin et Nathalie   On _____ pris____ le bus pour aller à la gare.

5 Nathalie   Je _____ allé____ à la gare avec Martin.

6 Martin et Nathalie   On _____ entré____ dans la gare.

7 Martin   J' _____ demandé____ le prix du billet de train pour Nice.

8 Nathalie et Martin   On _____ sorti____ de la gare.

9 Nathalie et Martin   On _____ vu____ Antoine!

10 Antoine   Les deux racketteurs _____ parti____ !

11 Antoine   Ils _____ pris____ tout mon argent.

12 Martin, Nathalie et Antoine   On _____ rentré____ à la maison.

Learning and memorizing vocabulary
You practised memorizing a song in unit 5 (feuille 67). Now practise learning vocabulary. Experiment with the following activities.

1 Lis la liste 1 pendant une minute. Cache la liste et note les mots. Tu as écrit combien de mots?

1 une pomme les baskets un franc
un chien un vélo un reportage
les devoirs

2 Lis la liste 2 pendant une minute. Cache et note les mots. Tu as écrit combien de mots?

2 un car un avion un train
une voiture une mobylette un vélo
un aéroglisseur

Did you remember more words from list 2 than from list 1? This is because list 2 has a theme. You remember better if you organize words according to themes.

Nom: _____

3 Lis la liste 3 pendant une minute. Cache et note les mots. Tu as écrit combien de mots?

3 se retrouver manger travailler chercher
détester jouer rester

4 Lis la liste 4 pendant une minute. Cache et note les mots. Tu as écrit combien de mots?

4 se réveiller se lever se préparer se laver
se brosser les dents s'habiller se coucher

Did you remember more words from list 4 than list 3? This is because list 4 is in a certain order. Words that are in order and in a context are easier to remember.

5 Maintenant, apprends les listes 1 et 3. Comment? Voici des idées. Qu'est-ce qui marche pour toi?

a Change l'ordre des mots (par exemple: mets par ordre alphabétique).
b Fais un dessin pour chaque mot.
c Invente des mimes pour chaque mot.
d Enregistre les mots et écoute.
e Écris les mots plusieurs fois.

Dictionnaire

Some words are similar in French and English. This can be helpful. But sometimes they don't mean the same thing. You need to make sure it all makes sense in the context.

1 Encercle la bonne phrase en anglais. Quel indice dans la phrase peut t'aider?

Exemple *Il va à l'école en car avec 10 élèves de sa classe.*
He goes to school by car /(by coach.) –
10 pupils can't go in a car!

1 J'ai un billet de 10€ mais je n'ai pas de *monnaie*.
I don't have any money /any change.

2 Luc et Lucie ont un petit *chat* gris dans le jardin.
They have a little chat / a little cat.

3 Il part en vacances en *mars*.
He's going on holiday in March / on Mars.

Flashback

Building up longer answers
Avoid making answers that are too short *(oui/non!)* or too long: give details which are relevant and be confident about what you say!

Nom: _____

C'était bien, les vacances de Noël?

Oui.

C'était vraiment fantastique! Le jour de Noël, ma tante, mon oncle et mes cousins sont venus. Ma tante n'a pas mangé de dinde parce qu'elle est végétarienne …

1a Réponds au prof. Utilise toutes les briques et fais des phrases.
Exemple Oui, c'était génial! Je suis parti(e) à Paris le 23 décembre …

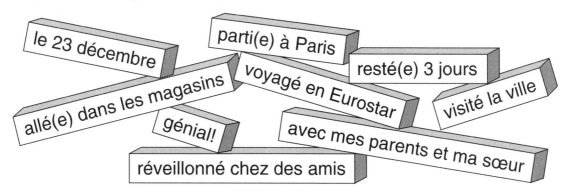

le 23 décembre

parti(e) à Paris

resté(e) 3 jours

voyagé en Eurostar

visité la ville

allé(e) dans les magasins

génial!

avec mes parents et ma sœur

réveillonné chez des amis

1b Trouve d'autres détails (dans l'unité 6) et réponds pour toi.

2 Réponds aux questions.

1 Tu aimes bien regarder la télé? (Regarde l'unité 2.)
2 C'était bien, le week-end dernier? (Regarde l'unité 3.)
3 Tu aides à la maison? (Regarde l'unité 4.)
4 Est-ce qu'on fête Pâques chez toi? (Regarde l'unité 5.)

Pour chaque question:

a Note les idées essentielles.
Exemple Oui, j'aime bien regarder la télévision. J'adore les séries américaines.

b Note des détails intéressants.
Exemple série préférée: les X-Files; BBC 2, mercredi, 10 h 00, …

c Fais des phrases.
Exemple Oui, j'aime bien regarder la télévision. J'adore les séries américaines. Ma série préférée, c'est les X-Files. C'est sur BBC 1, le mercredi soir, à 10 h 00. C'est génial, j'adore Mulder et Scully!

équipe 2

Nom: _____

Lis d'abord *Équipe*, page 81.

Vacances en Europe

1 Lis les deux articles. Coche la bonne réponse.

  1 Les Européens préfèrent aller
    a en France.
    b en Espagne.

  2 92% des Luxembourgeois sont allés
    a à Dieppe.
    b à Paris.

  3 La majorité des Français préfèrent passer les vacances
    a en France.
    b en Espagne.

  4 **a** Plus de 50% des Français
    b Moins de 50% des Français
    } vont régulièrement en Espagne.

  5 **a** Une majorité
    b Une minorité
    } d'Européens vont en vacances en voiture.

  6 Les Européens préfèrent prendre
    a l'avion.
    b le train.

Transport: des records français

2a Lis les trois articles *une* fois. Maintenant, remplis les blancs! Tu as rempli combien de blancs?

Le TGV français (train à _____

vitesse) est le train de voyageurs le plus

_____ du _____

(515 kilomètres à _____).

Le _____ avion est _____,

c'est Éole, de Clément _____:

il a volé sur _____ mètres le 9

_____ 1890.

Le Français _____ d'Aboville a

traversé _____ en _____

dans une _____. Il est _____

_____ des États-Unis le 10 _____

1980. Il est arrivé en _____ le

21 _____ 1980.

2b Relis les textes une fois pour compléter ou vérifier.

Nom: _____

	me	checked by my partner

I can ...

	me	checked by my partner
name 10 means of transport	❑	❑
say how I get to school	❑	❑
say how I go to town	❑	❑
ask someone where they went on holiday	❑	❑
say where I went on holiday	❑	❑
ask someone when they left	❑	❑
say when I left	❑	❑
ask someone how long they stayed	❑	❑
say how long I stayed	❑	❑
ask someone how they travelled	❑	❑
say how I travelled	❑	❑
ask someone what they did during their holidays	❑	❑
say four things I did on holiday	❑	❑
ask what someone's holiday was like	❑	❑
say what my holiday was like	❑	❑
ask when there is a boat	❑	❑
ask how much a return ticket is	❑	❑
ask how much a single ticket is	❑	❑
say it's for a foot passenger	❑	❑
say it's for a car and two people	❑	❑
say it's for one day	❑	❑
say it's for five days	❑	❑

Skills:

	me	checked by my partner
give tips on how to learn new words	❑	❑
learn which verbs take *être* in the past tense	❑	❑
add more detail to my replies	❑	❑

Grammar:

	me	checked by my partner
list the verbs which take *être* in the past tense and know their past participles	❑	❑

Dictionary:

	me	checked by my partner
look up verbs in the dictionary by first finding the infinitive	❑	❑
use the theme of a text to get the right meaning of a word	❑	❑

Pronunciation:

	me	checked by my partner
pronounce words which end in *-ille* and *-gne* correctly (*famille, montagne*)	❑	❑

Vocabulaire

Nom: _____

Tu as combien d'argent de poche?	*How much pocket money do you get?*
J'ai trois euros par semaine.	*I get 3 euros a week.*
J'ai quinze livres par mois.	*I get 15 pounds a month.*
Je n'ai pas d'argent de poche.	*I don't get pocket money.*
Qu'est-ce que tu fais avec ton argent?	*What do you do with your money?*
J'achète du chewing-gum.	*I buy chewing-gum.*
J'achète des livres.	*I buy books.*
des cassettes	*cassettes*
des cadeaux	*presents*
des magazines	*magazines*
des boissons	*drinks*
des vêtements	*clothes*
Je sors avec mes copains.	*I go out with my friends.*
Je vais au cinéma.	*I go to the cinema.*
Je mets de l'argent de côté.	*I save some money.*
Tu mets de l'argent de côté?	*Do you save any money?*
Je mets de l'argent de côté pour acheter ...	*I'm saving up to buy ...*
un ordinateur	*a computer*
des baskets	*trainers*
un vélo	*a bike*
une guitare	*a guitar*
une mobylette	*a moped*
un blouson en jean	*a denim jacket*
Tu as un petit boulot?	*Do you have a job?*
Je fais du baby-sitting.	*I do some babysittting.*
Je fais les courses.	*I do the shopping.*
Je garde mon frère.	*I look after my brother.*
Je fais le ménage.	*I do housework.*
Je promène le chien.	*I walk the dog.*
Je lave la voiture.	*I wash the car.*
Je travaille dans un bureau.	*I work in an office.*
J'aime bien les enfants.	*I like children.*
J'aime bien les chiens.	*I like dogs.*

J'aime bien être en plein air.	*I like being outdoors.*
J'aime bien aider mes parents.	*I like helping my parents.*
C'est fatigant.	*It's tiring.*
C'est intéressant.	*It's interesting.*
C'est mal payé.	*It's badly paid.*
C'est bien payé.	*It's well paid.*
J'ai fait le ménage.	*I did the housework.*
J'ai fait du baby-sitting.	*I did some babysitting.*
Je n'ai plus d'argent.	*I have no more money.*
Je ne mets rien de côté.	*I don't save anything.*
Je ne donne jamais d'argent aux œuvres charitables.	*I never give money to charities.*
Je n'achète rien.	*I don't buy anything.*
Je ne vais jamais au cinéma.	*I never go to the cinema.*
Je ne dépense jamais mon argent.	*I never spend my money.*
Je n'ai rien acheté.	*I didn't buy anything.*
J'ai fait les invitations.	*I did the invitations.*
J'ai distribué les invitations.	*I gave out the invitations.*
J'ai acheté à manger et à boire.	*I bought the food and drink.*
J'ai préparé les pizzas.	*I prepared the pizzas.*
J'ai rangé les meubles.	*I tidied the furniture.*
J'ai mis la table.	*I set the table.*
J'ai choisi des cassettes.	*I chose the cassettes.*
J'ai apporté un radiocassette.	*I brought a tape recorder.*
J'ai fait la vaisselle.	*I did the washing-up.*
J'ai nettoyé la salle après la boum.	*I cleaned the room after the party.*
Qu'est-ce que tu as acheté?	*What did you buy?*
Pourquoi?	*Why?*
J'ai acheté un tee-shirt pour Claire parce qu'elle aime les vêtements.	*I bought a T-shirt for Claire because she likes clothes.*
du papier à lettres	*writing paper*
une boîte de chocolats	*a box of chocolates*

use as test

1 Écoute les cinq jeunes. Ils parlent d'argent.
Complète la grille.

Nom: _____

	Combien?	Argent de poche?	Petit boulot?							
1	20€	✔	✔	✔				✔		ordinateur
2										
3										
4										
5										

2 Écoute. Qu'est-ce que Sandrine a fait pour aider ses parents? Coche les activités.

a 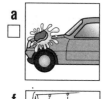 b 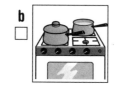 c   d 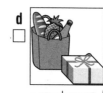 e

f   g  h  i   j

Pourquoi est-ce qu'elle a fait tout ça? _____

3a Écoute Charlie. Prends des notes.

Exemple week-end super, …

3b Continue la lettre de Charlie
à son copain Sylvestre.

Cher Sylvestre,

Ça va? J'ai passé un bon week-end! Mon anniversaire
était super! J'ai organisé une boum. J'ai _____
_____
_____
_____
_____

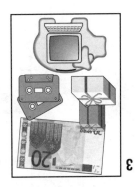
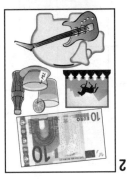
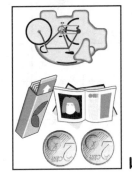

Qu'est-ce que tu fais avec ton argent de poche?

Tu mets de l'argent de côté?

Tu as combien d'argent de poche?

1b Pose les trois questions à ton/ta partenaire.
Note les réponses. Vérifie avec ton/ta partenaire.

J'ai … J'achète … Je mets de l'argent
de côté pour acheter …

1a Choisis une boîte. Réponds aux questions
de ton/ta partenaire.

Partenaire A

Partenaire B

1a Pose les trois questions à ton/ta partenaire.
Note les réponses. Vérifie avec ton/ta partenaire.

Tu as combien d'argent de poche?

Tu mets de l'argent de côté?

Qu'est-ce que tu fais avec ton argent de poche?

1b Choisis une boîte. Réponds aux questions
de ton/ta partenaire.

J'ai … J'achète … Je mets de l'argent
de côté pour acheter …

équipe 2

Qui a passé le week-end le plus intéressant, toi ou ton/ta partenaire?

1b Pose la question: *Qu'est-ce que tu as fait le week-end dernier?* Note la réponse.

   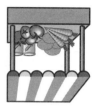

Je suis allé(e) au marché. J'ai acheté …

Donne beaucoup de détails.

1a Regarde les illustrations. Réponds à la question de ton/ta partenaire.

Partenaire A

Partenaire B

1a Pose la question: *Qu'est-ce que tu as fait le week-end dernier?* Note la réponse.

1b Regarde les illustrations. Réponds à la question de ton/ta partenaire.
Donne beaucoup de détails.

Je suis allé(e) au marché. J'ai acheté …

  Invitation

Qui a passé le week-end le plus intéressant, toi ou ton/ta partenaire?

Nom: _____

> J'ai un petit boulot pour gagner de l'argent. Le dimanche matin, je lave la voiture et je gagne 2 euros 75. J'aime bien être en plein air, mais c'est mal payé.
>
> Alex

> Je fais le ménage tous les samedis. Je gagne 3 euros – c'est mon argent de poche. J'aime bien aider mes parents, mais c'est fatigant.
>
> Carine

> Je gagne trois euros quatre-vingt-cinq par semaine. Je promène le chien de mon voisin le lundi, le mercredi et le vendredi. J'adore les chiens, mais je n'aime pas mon petit boulot quand il pleut.
>
> Benjamin

> J'ai un petit boulot très intéressant. Je fais du baby-sitting pour ma famille tous les samedi soirs. Je gagne 3 euros 50 par heure. J'aime bien mes deux frères et quand ils sont au lit, je regarde des vidéos.
>
> Marie-Claire

| voisin – *neighbour* |

1a C'est qui?

Exemple *Alex – b*

a b **2,75€** c   d **3,50€** e f **3,00€** g h **3,85€**

1b Invente-toi un petit boulot. Écris un texte.

2a Lis la lettre d'Isabelle.

> Chère Alice,
>
> J'ai un problème! Je n'ai jamais d'argent! Comme argent de poche, j'ai cinquante francs chaque samedi. J'aime les animaux et je donne vingt francs par semaine à la SPA. Je vais au cinéma une fois par mois, mais mon copain n'a jamais d'argent et je paie sa place. Je dois aussi acheter des cadeaux pour ma famille et mes copains. Ça coûte cher! Que faire?
>
> Isabelle

| SPA – Société Protectrice des Animaux |

2b Donne un numéro à chaque suggestion:

1 = super idée   2 = assez bonne idée
3 = pas une bonne idée   4 = idée nulle.

Compare avec ton/ta partenaire.

a Va seule au cinéma.
b Ne paie jamais la place de ton copain. Il doit trouver un petit boulot.
c Achète des petits cadeaux pas chers, des stylos par exemple.
d Ne donne plus d'argent à la SPA.
e Trouve un petit boulot pour gagner un peu d'argent.
f Ne va pas au cinéma. Reste chez toi et regarde la télévision.
g Fais le ménage chez toi et demande plus d'argent de poche.

Nom: _____

Cher Philippe,

Quelle surprise! J'ai eu soixante-quinze euros comme récompense, parce que j'ai trouvé le chat de mon voisin. Il adore son chat! Le chat a disparu pendant cinq jours. Moi, j'ai trouvé le chat en ville. Il était content de me voir!

Que faire avec cinq cents francs? J'ai mis cent francs de côté pour acheter une mobylette. Puis j'ai acheté un blouson en jean et des baskets. Après ça, j'ai organisé une super boum chez moi pour fêter la récompense!

J'ai fait les invitations sur l'ordinateur et j'ai distribué les invitations au collège et au club des jeunes. J'ai invité quarante copains ... et le chat, bien sûr!

Samedi matin, j'ai fait les courses. J'ai acheté à manger et à boire. J'ai choisi des pizzas, parce que tout le monde aime la pizza! Pour le chat, j'ai choisi une pizza au poisson!

Chez moi, j'ai rangé les meubles et j'ai mis les boissons sur la table.

Mon copain, Paul, est arrivé et on a écouté des cassettes pour choisir la musique. La boum a été un grand succès et tout le monde a beaucoup dansé! Le chat s'est bien amusé aussi et il a joué avec mes copains!

Après la boum, Paul a fait la vaisselle et moi, j'ai fait le ménage. C'était fatigant!

Et toi? Tu t'amuses bien? Écris-moi vite!

Amitiés, Jean-Claude

---

récompense – *reward*
a disparu – *disappeared*

1 Lis la lettre. Mets les illustrations dans le bon ordre.

2 Relis la lettre. Vrai ou faux?

a Le voisin a donné 150€ à Jean-Claude.
b Avec son argent, Jean-Claude a acheté des vêtements.
c Jean-Claude a organisé une boum pour fêter son anniversaire.
d Jean-Claude a dessiné les invitations avec des feutres.
e Il a invité un animal à sa boum.
f Pour ses copains, Jean-Claude a acheté des boissons et des pizzas.
g Après la boum, Jean-Claude a fait le ménage.

3 Imagine que tu as gagné 75€. Tu as gagné l'argent comment? Qu'est-ce que tu as fait avec l'argent? Tu as organisé une boum? Écris une lettre comme Jean-Claude.

Nom: _____

Flashback

Remember that there are two ways to form the past tense (passé composé) in French. Do you remember the rules from the *Zoom sur …* page?

For most verbs, the rule is as follows:

noun/pronoun + *avoir* + **past participle**

| J' | *ai* | **travaillé** |
| Antoine | *a* | **mangé** |

Some verbs do not follow this rule. They are formed as follows:

noun/pronoun + *être* + **past participle**

| Je | *suis* | **arrivé(e)** |
| Martin | *est* | **tombé** |

Can you remember which verbs take *être* in the past tense? If not, check them in the grammar section of *Équipe 2*, page 147.

---

1 Écris une phrase pour chaque illustration.

a

a préparé des sandwichs Pierre

_____

b

a trois gâteaux Thomas mangé

_____

c

est Sylvie en vacances partie

_____

d

sont les deux copains à la patinoire allés

_____

2 Écris des phrases au passé composé.

a Je + avoir + travailler + au marché =

    J'ai travaillé au marché.

b Tu + avoir + aider + à la maison =

_____

c Elle + avoir + faire + ses devoirs =

_____

d Je + être + partir + à sept heures =

_____

e Martin + être + tomber + de son vélo =

_____

f Les filles + être + aller + en ville =

_____

Flashback

The verbs which take *être* need to have **agreement** on the past participle.

Martin est allé.
Nathalie est allée.
Martin et Nathalie sont allés.
Nathalie et Karima sont allées.

Nom: _____

1 Ça se dit comment en anglais? Vérifie avec ton/ta partenaire.

a Je déteste les maths. Je ne comprends rien!

b Tu ne joues plus au foot? Pourquoi pas?

c Sébastien ne veut pas aller au cinéma ce soir.

d Tu n'as plus d'argent? Mais qu'est-ce que tu as fait avec ton argent de poche?

e Je ne prends jamais de petit déjeuner.

f Sylvie n'a rien fait le week-end dernier.

g Je n'ai jamais fait d'escalade. C'est dangereux!

2 Ça se dit comment en français?

I never play football.

a Je ___ joue _____ au football.

I don't play anything.

b Je ___ joue à _____.

I no longer play cards.

c Je ___ joue _____ aux cartes.

I don't play tennis.

d Je ____ joue _____ au tennis.

I don't watch TV.

e

I never go to the youth club.

f

I don't have any more money.

g

Nom: _____

There are lots of ways you can improve your French. If you don't understand something, always try to sort it out!
Never panic! Ask for help!

Where might you get help? Here are a few suggestions:

• **Work with a partner.**

• **Check the grammar section of Équipe.**

• **Ask your teacher for some more practice.**

• **Revise the Expressions-clés sections.**

• **Can you think of some other suggestions? Think how you would deal with each of the following situations.**

1 Your friend can't seem to learn vocabulary! It's hard to improve your French without knowing any words! You decide to help. Make a list of your suggestions:

Copy new words ten times each.

_____

_____

_____

2 Another friend is having problems with the past tense. She keeps forgetting that some verbs take *être* instead of *avoir*. Where can she check the rules?

_____

_____

She asks you to explain it to her! Work out what you are going to say!

3 Another friend is terrified of speaking French in front of other people! How can he overcome this problem? What might you suggest?

_____

_____

_____

4 A good way to improve your French is by reading more! Make a list of the things you can read.

_____

_____

_____

_____

Flashback

It's important to work hard in class if you want to be really good at French. Remember that doing homework carefully is an important part of your learning. Sometimes, you will need to work on your own to improve your skills, too. Try to make it as much fun as possible!

1 Travaille ta prononciation chez toi!
Enregistre et écoute ta prononciation.
Voilà quelques phrases:
(Attention! Réécoute la chanson à la page 91, si nécessaire!)

> Je passe l'aspirateur dans la maison de ma sœur.

> Je sors aussi tous les chiens.

> Je fais tous les magasins.

2 Important! Révise le vocabulaire tous les jours.

Exemple Fais le tour de ta maison pour réviser le vocabulaire!

boisson
chaise moderne
cadeau super
Je fais mes devoirs

Dictionnaire

Nom: _____

If you look a word up in the glossary or a dictionary, write it down and learn it. Sometimes it is useful to add a sentence with the word in it, too, to help you remember the meaning:
gagner – *to earn*
Je gagne trois euros. – *I earn 3€.*

Some verbs can be difficult to find! Can you think why this might be? Verbs in the dictionary are listed in their infinitive form: *sortir, faire, être, aller, avoir*. You will need to know the infinitive of the verb to check its meaning in the dictionary, so make sure that you learn all irregular verbs extra carefully!

1 Ça se dit comment en anglais?
Écris une phrase avec chaque mot.
a argent de poche – *pocket money*
Avec mon argent de poche, j'achète des magazines.

a argent de poche   **d** par semaine
b vêtements   **e** copains
c un petit boulot   **f** acheter

2a C'est quoi, l'infinitif?

Exemple a – mettre

a Je **mets** de l'argent de côté.
b Je **vais** au cinéma.
c Il **est** grand.
d Elle **a** cinq chiens.
e Tu **sors** ce soir?

2b Cherche l'infinitif dans le dictionnaire pour trouver l'anglais.

Exemple a mettre – to put, to put on

Nom: _____

Lis d'abord *Équipe*, page 95.

1 Ça se dit comment en français?

a I receive between 5–8 euros per month.

b part-time jobs

c there is always someone who needs bread

d to earn a bit of money

e instead of asking for pocket money

f How shall I ask my parents for it?

g washing cars is Benjamin's speciality

h if your parents have money problems

2 C'est quel article – courses, croissants ou voitures?

a

b

c

d On peut gagner entre trois et cinq euros.

e On va peut-être au supermarché.

f On travaille en plein air.

3 Tu as un copain qui n'a pas d'argent de poche. Explique en anglais l'idée de Jessica.

_____

_____

_____

équipe 2

Nom: _____

	me	checked by my partner

I can ...
ask how much pocket money someone gets ❏ ❏
say how much pocket money I get ❏ ❏
ask someone what they do with their pocket money ❏ ❏
say four things I spend my money on ❏ ❏
ask someone if they save any money ❏ ❏
say what I save my money for ❏ ❏
ask someone if they have a job ❏ ❏
say what I do to earn money ❏ ❏
say why I like a job ❏ ❏
say why I don't like a job ❏ ❏
say what jobs I did last week ❏ ❏
say I have no more money ❏ ❏
say I don't save any money ❏ ❏
say I never go to the cinema ❏ ❏
say six things I did to help prepare for a party ❏ ❏
say what present I bought ❏ ❏
say why I bought a particular present ❏ ❏

Skills:
work by myself ❏ ❏

Grammar:
say *never*, *no longer* and *nothing* and use them in a sentence ❏ ❏
use the past tense with both *avoir* and *être* ❏ ❏

Dictionary:
look up new words in a dictionary and note them down correctly ❏ ❏

Pronunciation:
pronounce *s* correctly when it comes between two vowels ❏ ❏
    e.g. *télévision*

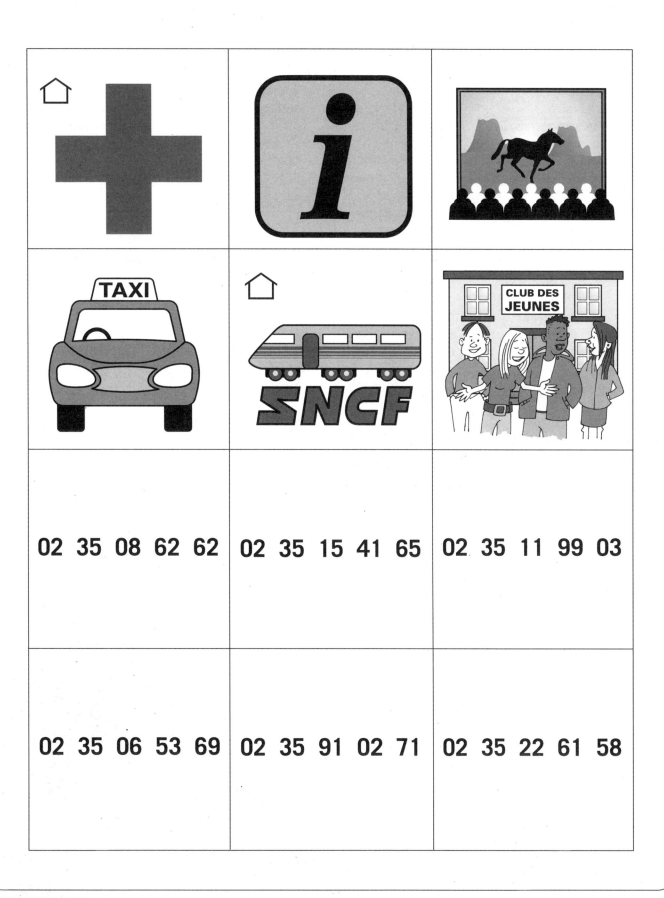

02 35 08 62 62

02 35 15 41 65

02 35 11 99 03

02 35 06 53 69

02 35 91 02 71

02 35 22 61 58

Nom: _____

Pour apprendre le français, on peut …	To learn French, you can …
écouter la radio	listen to the radio
lire un magazine français	read a French magazine
écrire à un(e) correspondant(e)	write to a penfriend
regarder des cassettes vidéo françaises	watch French videos
lire le manuel	read the textbook
écouter des cassettes	listen to tapes
utiliser un ordinateur	use a computer
utiliser un dictionnaire	use a dictionary
bien travailler en classe	work well in class
C'est très important.	It's very important.
C'est plus important.	It's more important.
le plus important	the most important
C'est quoi, ton numéro de téléphone?	What's your phone number?
C'est quoi, le numéro de téléphone de l'hôpital?	What's the hospital's phone number?
C'est le 02 23 45 67 89.	It's 02 23 45 67 89.
Allô.	Hello.
C'est Martin?	Is that Martin?
C'est Nathalie.	It's Nathalie speaking.
Est-ce que je peux parler à Antoine, s'il vous plaît?	Can I speak to Antoine, please?
soixante	60
soixante-dix	70
soixante-quinze	75
quatre-vingts	80
quatre-vingt-dix	90
quatre-vingt-dix-neuf	99
Un clavier, c'est pour taper les documents.	A keyboard is for typing documents.
On regarde l'écran pour travailler sur un document.	You look at the screen to work on a document.

Le modem, c'est un appareil qui relie l'ordinateur au téléphone.	The modem is a machine which connects the computer to the telephone.
La souris, c'est pour changer la position du curseur sur l'écran.	The mouse is for changing the position of the cursor on the screen.
Le lecteur de CD-Rom, c'est pour lire les CD-Rom.	The CD-Rom drive is for reading CD-Roms.
La disquette, c'est pour contenir des informations électroniques sous forme portable.	The disc is to hold electronic information in portable form.
L'imprimante, c'est un appareil qui imprime les documents.	The printer is a machine which prints documents.
Le lecteur de disquettes est un appareil qui lit les disquettes.	The disc drive is a device which reads discs.
J'utilise un ordinateur pour faire mes devoirs.	I use a computer to do my homework.
pour jouer aux jeux électroniques	to play computer games
pour écrire des lettres	to write letters
pour surfer sur Internet	to surf the Internet
Cher/Chère …	Dear …
Réponds-moi vite.	Write soon.
Amitiés.	Best wishes.
Grosses bises	Love
Monsieur/Madame.	Dear Sir/Madam
Veuillez agréer, monsieur, l'expression de mes sentiments respectueux	Yours faithfully

Très utile, l'ordinateur!

Nom: _____

1 📼 Écoute. Ils utilisent un ordinateur?
Coche la grille.

	OUI	NON
Céline		
Alexandre		
Madame Dubois		
Monsieur Duval		
Murielle		
Christophe		

2a 📼 Écoute. Qui parle?

2b 📼 Réécoute. Prends des notes.

équipe 2

Partenaire A

1 Pose des questions à ton/ta partenaire pour trouver les détails qui manquent.

A (Paul Leclerc habite où?)   **B** (Il habite 12, avenue de Genève.)

A (C'est quoi, le numéro de téléphone de Marie Dubois?)   **B** (C'est le 05 61 76 64 72.)

Nom	Adresse	Téléphone
Alain Vaillant	——, rue de la Citadelle	02 20 53 38 46
Jérémy Masson	——, avenue du Parc	04 65 15 73 27
Charlotte Leblanc	65, rue Saint-Albin	
Elsa Perret	48, place Museaux	
Christian Jospin	——, rue Ronsard	01 42 58 80 81

2 Réponds aux questions de ton/ta partenaire.

3 Interviewe cinq camarades de classe. Demande et note
 – leur adresse: *C'est quoi, ton adresse?*
 – leur numéro de téléphone: *C'est quoi, ton numéro de téléphone?*

Partenaire B

1 Réponds aux questions de ton/ta partenaire.

A (Paul Leclerc habite où?)   **B** (Il habite 12, avenue de Genève.)

A (C'est quoi, le numéro de téléphone de Marie Dubois?)   **B** (C'est le 05 61 76 64 72.)

Nom	Adresse	Téléphone
Alain Vaillant	14, rue de la Citadelle	_____
Jérémy Masson	99, avenue du Parc	_____
Charlotte Leblanc	——, rue Saint-Albin	02 35 72 18 54
Elsa Perret	——, place Museaux	05 11 51 44 71
Christian Jospin	56, rue Ronsard	_____

2 Pose des questions à ton/ta partenaire pour trouver les détails qui manquent.

3 Interviewe cinq camarades de classe. Demande et note
 – leur adresse: *C'est quoi, ton adresse?*
 – leur numéro de téléphone: *C'est quoi, ton numéro de téléphone?*

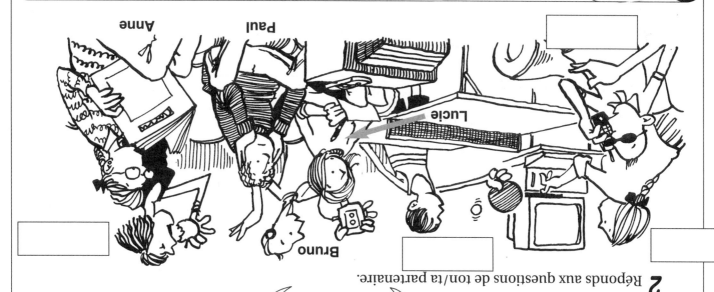

Anne · Paul · Lucie · Bruno

2 Réponds aux questions de ton/ta partenaire.

B *La fille qui lit un magazine*, c'est Anne.

A C'est qui, *la fille qui lit un magazine?*

1 Pose des questions pour trouver les noms qui manquent.

Partenaire A

Partenaire B

1 Réponds aux questions de ton/ta partenaire.

A C'est qui, *la fille qui mange une pomme?* **B** *La fille qui mange une pomme*, c'est Marion.

2 Pose des questions pour trouver les noms qui manquent.

Claire · Luc · Marion · Max

Nom: _____

1 Complète les mots croisés avec le bon infinitif.

Pour apprendre le français …

lire, écouter, aller, écrire, travailler, utiliser, regarder

1 on peut _____ en France.

2 on peut _____ des cassettes vidéo françaises.

3 on peut _____ des stations françaises à la radio.

4 on peut _____ un dictionnaire.

5 on peut _____ un magazine français.

6 on peut bien _____ en classe de français.

7 on peut _____ des lettres à un correspondant français.

2 Pour apprendre le français, qu'est-ce qu'ils préfèrent? Complète les phrases.

a "Je préfère _lire un magazine français_____ "

b "Moi, je préfère _____ "

c "Je _____ "

d "Je _____ "

3 Pour apprendre le français, qu'est-ce que tu préfères? (trois choses)

Je préfère

a _____

b _____

c _____

La boîte aux lettres

Nom: _____

a

> Avignon, le 28 janvier
>
> Chère Anne-Sophie
> Merci pour ta lettre. Pour mon anniversaire, j'ai eu un ordinateur! C'est super pour faire mes devoirs, pour jouer aux jeux électroniques et pour écrire des lettres. <u>Tu aimes l'informatique? Tu as un ordinateur chez toi?</u>
> Grosses bises,
> Claire

b

> Paris, le 5 mars
>
> Madame
> Merci pour les brochures sur Dieppe. Pouvez-vous, si possible, m'envoyer aussi une liste des campings et des hôtels de la région? Veuillez agréer, Madame, l'expression de mes sentiments respectueux.
>
> Joëlle Notte

c

> Dieppe, le 12 juin
> Cher Martin
> Merci pour ta carte postale de Nice. Ce week-end, je ne suis pas sorti. J'ai révisé pour un contrôle de géo au collège. C'est ma matière préférée, alors je fais un effort pour avoir une bonne note!

d

> Manchester, le 30 septembre
> Monsieur
> Je voudrais acheter des cassettes vidéo françaises, parce que j'apprends le français au collège. Veuillez m'envoyer un catalogue et une liste des prix.

1 Lis les quatre lettres.

  a Quelles lettres sont adressées à un(e) ami(e)?

  b Quelles sont les lettres plus officielles?

2 Choisis *a* ou *b*.

  1 Joëlle demande

  a des cassettes vidéo. ☐

  b des renseignements sur les campings et les hôtels. ☐

  2 Pour son anniversaire, une personne a

  a un jeu électronique. ☐

  b un ordinateur. ☐

  3 La personne qui a écrit une carte postale est

  a à Nice. ☐

  b à Dieppe. ☐

  4 La personne qui écrit à Martin aime beaucoup

  a sortir. ☐

  b la géographie. ☐

  5 Une personne veut acheter des cassettes vidéo

  a pour apprendre le français. ☐

  b pour voir des films américains. ☐

3 Réponds aux questions de Claire. (Elles sont soulignées dans sa lettre.)

il faut

Nom: _____

1 Fais une liste pour l'élève idéal (avec *il faut* ou *il ne faut pas*).
(Un conseil pour chaque dessin.)

Exemple il faut écouter le professeur, il ne faut pas arriver en retard, …

a  **b**

répondre aux questions

utiliser un ordinateur

dormir en classe

faire ses devoirs

regarder par la fenêtre

copier sur son voisin

_____   _____

_____   _____

c  **d**

_____   _____

_____   _____

2 Choisis le bon équivalent de ces proverbes: *a* ou *b*.

1 *Il ne faut pas* mettre tous ses œufs dans le même panier.
a Don't put all your eggs in one basket. ☐
b A bird in the hand is worth two in the bush. ☐

2 *Il ne faut pas* réveiller le chat qui dort.
a Don't count your chickens before they are hatched. ☐
b Let sleeping dogs lie. ☐

e  **f**

_____   _____

_____   _____

Le pronom qui

Nom: _____

Flashback

qui = "who" or "which"
You can use a phrase starting with *qui* to give extra information about a noun.

*C'est la fille **qui attend le bus.***
It's the girl who's waiting for the bus.

*Tu connais les filles **qui attendent le bus?***
Do you know the girls who are waiting for the bus?

Notice that the verb after *qui* can be singular or plural (depending on the noun *qui* stands for).

1 Relie les phrases avec *qui*.

a Voici le modem.   Le modem est attaché à l'ordinateur.
b Karima a un cousin.   Son cousin est très sympa.
c Martin a un copain.   Son copain a un ordinateur.
d Il faut prendre le train.   Le train part à dix heures.
e Je connais les racketteurs.   Ils ont menacé Antoine.

2a Regarde les illustrations et fais des phrases avec *qui*, comme dans l'exemple.

La fille regarde le chat.
Deux racketteurs attaquent un garçon.
Le professeur parle à un élève.
La voiture est dans le parking.
Les astronautes rencontrent un martien.
Un policier arrête une femme.
Un acteur téléphone à un ami.
Les enfants jouent avec un chien.

porte un blouson noir
est dans le parc
est très timide
lit un magazine
a une grosse tête
déteste les enfants
habite à Paris
est en face du cinéma

Exemple –

*La fille regarde le chat
qui est dans le parc.*

b
_____
_____
_____

a
_____
_____
_____

c
_____
_____
_____

2b Fais d'autres phrases. Il y a beaucoup de possibilités!
Dessine une illustration pour chaque phrase.

Écouter et comprendre

Flashback

When you listen to someone speaking French, it is often quite possible to make sense of what they say, even if you don't understand every word.

Remember:

– if possible, plan ahead. If you know the situation or the topic, think of the sort of words and expressions you might hear.

– are there any clues in the way the person is speaking? (angrily, enthusiastically, etc.)

– don't panic! If you don't understand one bit, don't let it put you off the rest. Keep listening!

Nom: _____

1a Tu vas écouter Michel. Il parle de son nouvel ordinateur. Note des mots et expressions qu'il va peut-être utiliser.

1b 📼 Écoute Michel. Il est content ou pas content?

1c 📼 Réécoute. Coche les mots que tu as notés si tu les entends.

1d 📼 Écoute une troisième fois. Note d'autres mots importants.

1e Quelle est l'opinion de Michel?

a L'ordinateur, c'est pas mal, mais il n'aime pas beaucoup l'informatique.

b Il déteste l'informatique, mais il adore les jeux électroniques.

Sans dictionnaire!

Flashback

Don't rely too heavily on your dictionary. Sometimes you can work out the meaning of a word because of the context and the other words in the sentence.

1 Lis la lettre de Damien. Qu'est-ce que ça veut dire? Ne regarde pas dans le dictionnaire!

1 entre des *monstres* et des humains

   a mountains ☐

   b monsters ☐

2 il faut *accomplir* des missions

   a accomplish ☐

   b accounting ☐

3 il faut *tuer* un grand nombre d'ennemis

   a to kill ☐

   b to tune ☐

4 trouver des jeux sur le *réseau* Web

   a razor ☐

   b network ☐

5 il faut *construire* une ville

   a to concern ☐

   b to build ☐

Un ordinateur pour jouer

"J'utilise mon ordinateur pour jouer. J'ai toutes sortes de jeux. J'ai un jeu de combat, par exemple, entre des monstres et des humains. Il faut choisir son camp et accomplir des missions. Bien sûr, il faut tuer un grand nombre d'ennemis. Mon jeu préféré s'appelle *César*. Il faut construire une ville romaine. J'ai aussi une Gameboy, mais je préfère l'ordinateur. Les jeux sont plus compliqués et plus amusants. Le mercredi après-midi, je vais à un club d'informatique. Nous essayons de trouver des jeux sur le réseau Web. C'est génial."

Damien

équipe 2

Savoir écrire des lettres

Nom: _____

	letter to a friend	formal or official letter
to start	Cher (Paul) Chère (Anne) Chers (Luc et Elsa)	Monsieur Madame
to finish	Amitiés Grosses bises	Veuillez agréer, Monsieur/Madame, l'expression de mes sentiments respectueux

Remember: when writing to a friend, use ***tu***.
when writing to someone you don't know, use ***vous***.

A

Cher/Chère …
Merci pour ta lettre. En ce moment, je révise pour
des examens au collège. Au collège, ma matière
préférée, c'est l'informatique. C'est quoi, ta matière
préférée? Nous avons un ordinateur à la maison et
j'ai aussi une Gameboy. Tu as un ordinateur chez
toi? Tu aimes l'informatique?

En ce moment, j'ai beaucoup de devoirs à faire le
soir. Tu as beaucoup de devoirs? Le vendredi soir,
je vais au club des jeunes. Qu'est-ce que tu fais
le soir?

Réponds-moi vite!

Amitiés

Alexandre

B

Monsieur

Je vais passer des vacances à <u>Biarritz</u> en
<u>juin</u>. Pouvez-vous, si possible, m'envoyer <u>un
plan de la ville, une liste des campings et des
attractions</u>?

Veuillez agréer, Monsieur, l'expression
de mes sentiments respectueux.

Alexandre Dupont

1a Lis la lettre A d'Alexandre.

1b Écris une réponse à Alexandre.
Réponds à ses questions.

2a Lis la deuxième lettre (B).

2b Tu vas à Dinard en août. Écris une lettre
à l'Office de Tourisme.
Demande un plan de la ville et une liste
des hôtels. Adapte les détails soulignés.

équipe 2

Nom: _____

Lis d'abord *Équipe*, page 107.

1a Petit guide des émoticônes: tu as bien compris? Choisis *a* ou *b* (livre fermé!).

1   :-(**a** je suis content(e) ☐   **b** je suis triste ☑
2   :,-(**a** je pleure ☐   **b** je suis surpris(e) ☐
3   :->   **a** je suis très triste ☐   **b** je suis très content(e) ☐
4   ?:-)   **a** je suis surpris(e) ☐   **b** je t'embrasse ☐
5   :-)   **a** je pleure ☐   **b** je suis content(e) ☐

1b Voici d'autres émoticônes. Tu peux deviner le sens? Dessine des flèches.

a   <:o)   punk
b   B-)   clown
c   ==:-)   je porte des lunettes
d   :-p   je ne dis rien
e   :-X   je tire la langue

2 Sur Internet il y a aussi des abréviations. Tu peux deviner le sens?
(Si c'est difficile, dis les lettres et les chiffres à haute voix!)

a   BTLM   cassette
b   TVB?   à plus tard
c   A + T   bonjour tout le monde
d   K7   c'est génial
e   JNCP   tu vas bien?
f   CG   je ne comprends pas

3 Recopie et complète le résumé (livre fermé!).

> téléphone • informations • numéro de téléphone
> • ordinateur • horaires • réservations • consulte • annuaire

---

Le Minitel

Le Minitel est un service de communication par _____ [1] et par

_____ [2]. On peut communiquer ou recevoir des _____

[3]. Tu as oublié le _____ [4] de ton copain? Consulte le Minitel. Il y a un

_____ [5] téléphonique.

Tu veux savoir les _____ [6] des trains? _____ [7] le

Minitel. Il y a tous les renseignements et on peut faire des _____ [8].

Nom: _____

	me	checked by my partner

I can ...
say six things you can do to learn a language ❏ ❏
say something is very important ❏ ❏
say something is more important ❏ ❏
ask someone for their telephone number ❏ ❏
ask what the telephone number of a particular place is ❏ ❏
give my telephone number ❏ ❏
say hello on the phone and say who I am ❏ ❏
ask if I can speak to someone ❏ ❏
count from 60–100 ❏ ❏
name six parts of a computer ❏ ❏
say what three parts of a computer are for ❏ ❏
say what I use a computer for ❏ ❏
start and end a letter to a friend ❏ ❏
start and end a formal letter ❏ ❏

Skills:
list ways to help me understand a tape in French ❏ ❏
write informal and formal letters ❏ ❏

Grammar:
use *qui* in a sentence to mean "which" or "who" ❏ ❏
use *il faut* in a sentence ❏ ❏
use *il ne faut pas* in a sentence ❏ ❏
use *pour* followed by a verb ❏ ❏

Dictionary:
understand a word sometimes by looking at the words/sentences ❏ ❏
    nearby to help me get the right meaning

Pronunciation:
pronounce the sound *eu* correctly, as in *deux* ❏ ❏
pronounce the sound *eur* correctly, as in *ordinateur* ❏ ❏

Nom: _____

Je me présente:	*I'll introduce myself:*	Tu veux téléphoner chez toi?	*Do you want to phone home?*
Je m'appelle …	*My name is …*		
J'ai quatorze ans.	*I'm 14.*	Tu veux manger quelque	*Do you want*
Je suis anglais(e).	*I'm English.*	chose?	*something to eat?*
Je suis gallois(e).	*I'm Welsh.*	Tu veux boire quelque chose?	*Do you want*
Je suis écossais(e).	*I'm Scottish.*		*something to*
Je suis irlandais(e).	*I'm Irish.*		*drink?*
Je suis grand(e).	*I'm tall.*	Tu veux prendre une douche?	*Do you want to have*
Je suis petit(e).	*I'm small.*		*a shower?*
Je suis assez gros(se).	*I'm quite plump.*	Tu veux défaire tes bagages?	*Do you want to*
Je suis mince.	*I'm slim.*		*unpack?*
Je suis brun(e).	*I've got brown hair.*	Tu veux te reposer?	*Do you want to have*
Je suis blond(e).	*I've got blond hair.*		*a rest?*
Je suis roux/rousse.	*I've got red hair.*	Oui, je veux bien, merci.	*Yes, I'd like to,*
J'ai les cheveux courts.	*I've got short hair.*		*thank you.*
J'ai les cheveux longs.	*I've got long hair.*	Oui, s'il vous plaît, si c'est	*Yes please, if that's*
J'ai les cheveux raides.	*I've got straight hair.*	possible.	*possible.*
J'ai les cheveux frisés.	*I've got curly hair.*	Non merci, ça va.	*No thank you, I'm*
J'ai les yeux bleus/	*I've got blue/green/*		*fine.*
verts/marron.	*brown eyes.*		
J'ai des lunettes.	*I wear glasses.*	Je suis allé(e) à la plage.	*I went to the beach.*
		On a mangé des crêpes.	*We ate pancakes.*
Allô, ici Martin.	*Hello, it's Martin.*	J'ai visité Dieppe.	*I visited Dieppe.*
Je prends l'avion.	*I'm coming by*	J'ai acheté des cadeaux.	*I bought some*
	plane.		*presents.*
J'arrive le 12 juillet.	*I'll be arriving on*	C'était bon.	*It was good.*
	12th July.	C'était intéressant.	*It was interesting.*
J'arrive à 10 heures.	*I'll be arriving at*	C'était super.	*It was great.*
	10 o'clock.	Ce n'était pas mal.	*It wasn't bad.*
C'est ça.	*That's right.*	Ce n'était pas cher.	*It wasn't expensive.*
À bientôt!	*See you soon!*		
		Cher Monsieur X,	*Dear Mr X,*
Voici l'appartement.	*Here is the flat.*	Chère Madame X,	*Dear Mrs X,*
Là, c'est ta chambre.	*That's your room.*	J'ai beaucoup aimé mes	*I enjoyed my holiday*
Dans l'entrée, …	*In the hallway …*	vacances.	*very much.*
la cuisine est à droite.	*the kitchen is on*	Merci pour votre accueil.	*Thank you for the*
	the right.		*stay.*
à gauche	*on the left*	Au revoir et à bientôt.	*Goodbye and hope*
en face de la salle de bains	*opposite the*	to	*see you soon.*
	bathroom		
à côté de la cuisine	*next to the kitchen*	Salut Martin!	*Hi Martin!*
au bout du couloir	*at the end of the*	Géniales, mes vacances!	*My holidays were*
	passage		*great.*
avant le séjour	*before the lounge*	Tu as été sympa avec moi.	*You were really*
après la salle à manger	*after the dining*		*friendly.*
	room	Salut et à bientôt!	*Bye and see you*
			soon.

Nom: _____

1a Avant d'écouter le dialogue, relie et fais dix questions comme dans l'exemple.

1 Tu es déjà allée   comment?

2 Tu as   dans quels pays?

3 Tu es restée   voyagé comment?

4 Tu as   combien de temps?

5 C'était   fait quoi?

6 Est-ce que tu as   l'anglais comment?

7 Tu as   un petit boulot?

8 Qu'est-ce que tu fais   combien d'argent de poche?

9 Tu parles   de ton argent de poche?

10 Tu apprends   quelles langues?

1b 📼 Écoute pour vérifier.

2a 📼 Écoute. Choisis la bonne réponse à chaque question.

1 Marie est allée (quatre réponses)
a en Angleterre,   d au Portugal,
b en Italie,   e en Australie,
c en Espagne,   f en Autriche

2 Elle a voyagé (deux réponses)
a en camping-car,
b en car,
c en voiture,
d en bateau

3 Elle est restée
a un mois ou deux.
b une semaine ou deux.

4 Elle a fait quoi? (trois réponses)
a visité des châteaux,
b fait des promenades en bateau,
c vu des monuments,
d mangé au restaurant,
e joué au tennis,
f fait des boutiques

5 C'était
a vraiment nul.
b vraiment bien.

6 Elle a un petit boulot?
a oui, du baby-sitting.
b non, elle n'aime pas ça.

7 Elle a combien d'argent de poche?
a entre 20 et 80 euros.
b entre 8 et 20 euros.

8 Avec son argent de poche, elle achète
a des vêtements et des disques.
b des vêtements et des magazines.

9 Elle parle
a anglais et allemand.
b anglais et espagnol.

10 Pour apprendre l'anglais, elle
a regarde des films et lit des magazines.
b regarde la télé et écoute la radio.

2b 📼 Réécoute pour vérifier.

Elle s'appelle Patricia Nure, elle a 60 ans.
Elle est …

2 Regarde la fiche de police et décris le suspect.

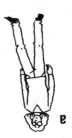  

1 Écoute la description du suspect. Coche la photo et vérifie avec B.

Partenaire A

Partenaire B

1 Regarde la fiche de police et décris le suspect .

> Il s'appelle Éric Cochet. Il a 20 ans.
> Il est …

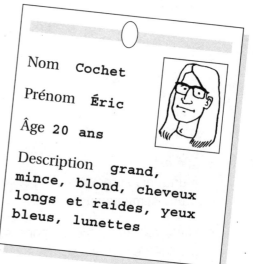

Nom   Cochet

Prénom   Éric

Âge **20 ans**

Description   grand, mince, blond, cheveux longs et raides, yeux bleus, lunettes

2 Écoute la description du suspect.
Coche la photo et vérifie avec A.

a    b    c

équipe 2

A Tu es journaliste pour l'émission de radio *Petits Potins*.

Interviewe un camarade de classe. Enregistre l'interview. Puis, changez de rôle.

B Réponds aux questions de A. Donne le plus possible de détails pour l'interview! Puis, changez de rôle.

INTERVIEW EN 30 QUESTIONS

- ❖ Tu t'appelles comment?
- ❖ Tu as quel âge?
- ❖ Tu es comment physiquement?
- ❖ Tu habites où?
- ❖ Tu vas où à l'école?
- ❖ Tu as des frères et sœurs?
- ❖ C'est quoi, ton look préféré?
- ❖ C'est comment chez toi?
- ❖ Tu as la télé dans ta chambre?
- ❖ Qu'est-ce que tu aimes regarder à la télé?
- ❖ C'est quoi, ton émission préférée? Quel jour? À quelle heure? Sur quelle chaîne?
- ❖ Tu vas souvent au cinéma?
- ❖ Qu'est-ce que tu aimes comme films?
- ❖ Qu'est-ce que tu fais le week-end?
- ❖ Qu'est-ce que tu as fait le week-end dernier?
- ❖ Qu'est-ce que tu fais à la maison pour aider?
- ❖ Décris une journée typique.
- ❖ C'est quoi, ta fête préférée?
- ❖ Comment est-ce que tu fêtes Noël/le Nouvel An/ton anniversaire?
- ❖ Qu'est-ce que tu as fait l'année dernière?
- ❖ Tu es déjà allé(e) dans quels pays?
- ❖ Tu as voyagé comment pour aller là?
- ❖ Tu es resté(e) combien de temps?
- ❖ Qu'est-ce que tu as fait pendant tes vacances?
- ❖ C'était comment?
- ❖ Tu as de l'argent de poche? Combien?
- ❖ Tu as un petit boulot?
- ❖ Qu'est-ce que tu fais avec ton argent?
- ❖ Tu parles quelles langues?
- ❖ Qu'est-ce que tu fais pour apprendre le français?

Nom: _____

1a Relie la description au bon plan.

Dans cette maison, il y a une grande entrée. À gauche dans l'entrée, il y a le séjour. À gauche après le séjour, c'est la cuisine. À côté de la cuisine, il y a une petite chambre. À côté de cette petite chambre, il y a une grande chambre. À droite dans l'entrée, c'est le bureau. Entre le bureau et la grande chambre, il y a la salle de bains. Les WC sont dans la salle de bains.

A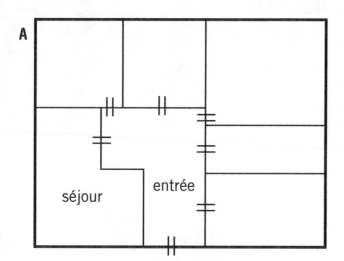

B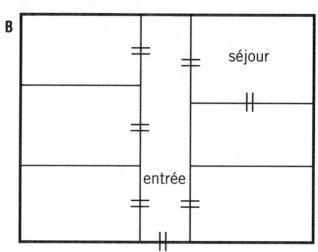

1b Complète le plan (écris les noms des pièces).

2 Complète la description de cette maison.

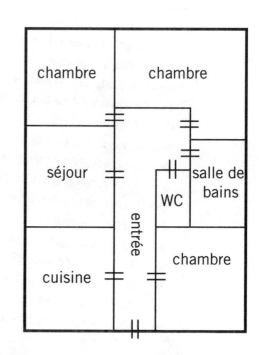

La maison a trois _____. À gauche

dans l'entrée, c'est la _____. En face de la

cuisine, il y a une _____. Après la

cuisine, à gauche, c'est le _____. En

face, il y a les _____. À côté des WC,

c'est la _____. Au bout du couloir, à

droite, il y a une _____ et à

_____, il y a une autre chambre.

équipe 2

Nom: _____

1 Relis les neuf épisodes de *La belle équipe*.

Épisodes 1, 2, 3

2 Coche la bonne réponse.

1 Au début, pourquoi est-ce que Nathalie, Antoine et Martin sont tristes?
a Parce que Dingo a disparu.
b Parce que Jasmine est partie.

2 Qui est Karima?
a Une copine de Jasmine.
b Une fille qui habite en face de chez Nathalie, Martin et Antoine.

3 Pourquoi est-ce qu'Antoine est surpris de voir Karima en ville?
a Il a invité Karima à aller au cinéma et elle a dit non.
b Elle n'aime pas aller en ville.

4 Qu'est-ce que Karima a vu aux infos régionales?
a Un reportage sur le kidnapping de chiens.
b Un reportage sur les laboratoires.

5 Pourquoi est-ce que Nathalie, Martin et Antoine vont au café après les cours?
a Pour discuter du kidnapping de Dingo.
b Pour faire leurs devoirs.

6 Pourquoi est-ce que Nathalie veut téléphoner?
a Pour inviter Karima.
b Parce que les kidnappeurs de chiens sont là.

Épisodes 4, 5, 6

3 Réponds aux questions: utilise les mots dans la boîte.

a Pourquoi est-ce que Karima ne sort pas avec Nathalie, Martin et Antoine?

aider, à la maison, elle doit, sa mère

b Pourquoi est-ce que les policiers viennent chez Nathalie?

Dingo, les kidnappeurs, ils ont arrêté, ils ont retrouvé, et

c Pourquoi est-ce que Martin est toujours triste?

est partie, habiter, à Nice, sa mère

d Comment est-ce que Martin veut aller à Nice?

aller, il veut, en stop, à Nice

e Qu'est-ce qui est arrivé à Antoine à côté de la gare?

son argent, ont pris, deux racketteurs

Épisodes 7, 8, 9

4 Réponds aux questions.

a Pourquoi est-ce que Martin donne de l'argent pour Antoine?
b Pourquoi est-ce que Nathalie ne peut pas donner d'argent pour Antoine?
c Pourquoi est-ce que Karima téléphone à son cousin Éric?
d Pourquoi est-ce que les racketteurs d'Antoine ont peur?
e Pourquoi est-ce que les copains vont à la gare?

Flashback

Nom: _____

The past participle
To talk about the past using the *passé composé*, you need the verb *avoir* or *être* and the past participle of the main verb. The past participle can have different endings, depending on what the verb is. For example, all *-er* verbs have past participles ending in *-é*. Others are more irregular and you will have to learn them, eg: *boire = bu.*

1er groupe
- mangé • téléphoné
- regardé • écouté

2e groupe
- dormi

3e groupe
- pris • écrit • fait
- bu • lu

1 Complète les réponses de Joël avec le bon participe passé (dans la boîte). Utilise le verbe de la question, comme dans l'exemple.

Joël arrive du Canada. Monsieur Gentil va le chercher à l'aéroport.

M. Gentil – Bonjour! Ça va?
Joël   – Oui, merci, juste un peu fatigué!

   – Tu veux *téléphoner* à tes parents?
         – Non, merci. J'ai *téléphoné* de l'avion.

a – Tu veux manger quelque chose?
         – Non, merci. J'ai _____ dans l'avion.

b – Tu veux boire quelque chose?
         – Non, merci. J'ai _____ dans l'avion.

c – Tu veux écouter de la musique?
         – Non, merci, j'ai _____ de la musique dans l'avion.

d – Tu veux regarder la télé?
         – Non, merci, j'ai _____ un film dans l'avion.

e – Tu veux lire un magazine?
         – Non, merci, j'ai _____ des magazines dans l'avion.

f – Tu veux écrire des cartes postales?
         – Non, merci. J'ai _____ des lettres dans l'avion.

g – Tu veux faire un jeu vidéo?
         – Non, merci, j'ai _____ un jeu vidéo dans l'avion.

h – Tu veux dormir un peu?
         – Oh oui, s'il vous plaît, je n'ai pas _____ dans l'avion.

Nom: _____

> ### Flashback
>
> Say how it was!
> Remember to use the *passé composé* to tell how events took place in the past. To say how it was or what you thought of it, use *c'était*:
> *Je **suis allé** au parc. C'**était** génial!*

1 Complète comme dans l'exemple.

a Pour la fête des mères, j'ai fait [faire] la cuisine.
  C'était super bon!

b Je _____ [aller] au cinéma voir le film
  de James Bond.

  C'_____ nul!

c J' _____ [finir] mes devoirs de français.

  C' _____ très difficile!

d La musique, à la boum, c'_____ nul!

  C'est Léon qui _____ [choisir] du disco!

e Pour Noël, mon petit frère _____ [mettre]
  ses vêtements préférés.

  C' _____ horrible!

f J'ai _____ [faire] les courses.

  C'_____ amusant!

Flashback

Before listening to a recording, remember a few tips:
• Read all the questions or instructions: this will help you understand what the recording is about. Perhaps you can predict some of the words or expressions you're likely to hear.
• Concentrate on listening out for the answers to the questions. Don't panic if you don't understand everything!

Nom: _____

1 📼 Écoute. Remplis une fiche pour chaque personne.

Promotion: Douvres – Londres – Édimbourg

1
Destination: _____ Londres _____
Transport: _____
Départ – jour: _____
      – heure: _____
Arrivée – heure: _____

2
Destination: _____
Transport: _____
Départ – jour: _____
      – heure: _____
Arrivée – heure: _____

3
Destination: _____
Transport: _____
Départ – jour: _____
      – heure: _____
Arrivée – heure: _____

4
Destination: _____
Transport: _____
Départ – jour: _____
      – heure: _____
Arrivée – heure: _____

Ça se dit comme ça!

In unit 5, you practised the French way of saying a sentence, with your voice going up or down. Have another go!

1 📼 Écoute et regarde. Répète avec la cassette.

Tu veux boire quelque chose?

Non, merci, ça va. Je n'ai pas soif.

Tu veux manger quelque chose?

Non, merci, ça va. Je n'ai pas faim.

Tu veux te reposer?

Ah oui! Je veux bien, merci. Je suis fatiguèe!

2a 📼 Écoute et dessine l'intonation.

Chat-rades!

Il est blond, grand, mince et beau. C'est qui?

C'est Brad Pitt?

Mais, non. C'est moi!

2b 📼 Écoute et répète. Copie l'intonation.

équipe 2

Nom: _____

Drafting and redrafting: a few tips to help you write it right!
1) First draft *(premier brouillon)*: note your ideas and the words you need.
2) Second draft *(deuxième brouillon)*: organize your ideas and choose the right style (formal/informal). Then check you haven't forgotten accents, agreements, etc. Also check the spelling of words.
3) Final draft *(au propre)*: choose the right presentation for your text: for instance, if it's a letter to a friend, start with: *Cher/Chère X.*

1a Lis et numérote les textes: 1 premier brouillon, 2 deuxième brouillon, 3 propre.

A

> Chers Monsieur et Madame Dubois
> J'ai beaucoup aimé mes vacances chez vous.
> J'ai adoré les visites et les repas, surtout
> le barbecue dans le jardin! Les magasins étaient
> très beaux. J'ai donné les cadeaux à ma mère.
> Elle était contente!
> Merci pour votre accueil.
> Au revoir et à bientôt.
> Geoffroy

B

> merci pour accueil
> mes vacances = géniales!
> magasins = très beaux
> adorer les visites + les repas, le barbecue
> dans le jardin
> donner les cadeaux à ma mère. contente.

C

> J'ai beaucoup aimé mes vacances chez vous.
> J'ai adoré les visites et les repas, surtout le
> barbecue dans le jardin! Les magasins étaient très
> beaux. J'ai donné les cadeaux à ma mère. Elle
> était contente!
> Merci pour votre accueil.

1b À ton avis, c'est une lettre …

a à un copain?
b à des cousins?
c à une famille d'accueil?
d à l'office de tourisme?

2 Choisis *a, b, c* ou *d* (1b) et écris une lettre: d'abord au brouillon et après, au propre!

Dictionnaire

Remember, a dictionary can also be useful to check the spelling of a word when you're not too sure.

1 Il y a une faute dans chaque phrase. Corrige!

a J'ai acheté un magasine à la gare.

_____

b C'est le musé de la mer à Dieppe.

_____

c J'ai pris les fruits au marcher.

_____

d Regarde dans le dictionaire!

_____

Lis d'abord *Équipe*, page 119.

1 Lis les titres de l'article. Quel titre anglais peut correspondre?

a Holidays in France
b English classes
c Language trips abroad

2 À ton avis, l'article, c'est pour:

a les jeunes b les parents c les profs

3 Sur cette liste, coche les cinq idées présentées dans l'article:

a un voyage autour du monde ☐
b un séjour dans un camp de vacances américain ☐
c un séjour pour faire du cheval ☐
d un séjour dans une université américaine ☐
e un séjour pour faire du ski ☐
f un séjour pour faire un film ☐
g un séjour pour faire de la musique ☐

4 Lis et choisis ton séjour: *séjour summer camp? campus? vidéo? musique? rodéo?*

a Tu as 13 ans et tu veux aller aux États-Unis.

_____

b Tu veux aller en Allemagne.

_____

c Ton rêve? Faire du cinéma.

_____

d Tu veux faire du cheval. (deux choix)

_____

e Tu veux camper. (deux choix)

_____

_____

5 Lis les lettres. Ils ont fait quel séjour?

a J'ai chanté trois heures par jour. C'était génial!

b Je suis allé en cours 20 heures par semaine. La classe était très sympa. Je suis aussi allé à des concerts, j'ai fait des excursions, j'ai fait du sport.

c Je suis allée dans un ranch avec plein de chevaux. C'était super. Le problème: la famille n'était pas sympa.

d C'était une colonie de vacances, avec de jeunes Américains. J'ai parlé anglais pendant trois semaines!

e On était six dans notre équipe. On a fait un film sur les jeunes à la plage. C'était marrant!

6 Choisis un séjour et écris une lettre.

Nom: _____

équipe 2

Nom: _____

	me	checked by my partner

I can ...

say my name and age	❏	❏
say what nationality I am	❏	❏
describe my physical appearance	❏	❏
say what type of hair I have	❏	❏
say what colour eyes I have	❏	❏
say whether I wear glasses or not	❏	❏
say how I'm travelling somewhere	❏	❏
say what date I'm arriving	❏	❏
say what time I'm arriving	❏	❏
show someone round my home and say what rooms are where	❏	❏
ask someone if they want to telephone home	❏	❏
ask someone if they want something to eat	❏	❏
ask someone if they want something to drink	❏	❏
ask someone if they want a shower	❏	❏
ask someone if they want to have a rest	❏	❏
ask someone if they want to unpack	❏	❏
say: Yes, I'd like to	❏	❏
say: Yes, if that's possible	❏	❏
say: No thank you, I'm fine	❏	❏
say five things about a stay in France	❏	❏
write a thank you letter to parents	❏	❏
write a thank you letter to a penfriend	❏	❏

Skills:

speak to someone's parents and be polite	❏	❏
write letters to friends and polite letters to friends' parents	❏	❏
write out a piece of written work in rough, have it corrected then write it out in best making corrections suggested by my teacher/partner	❏	❏
list ways to help me cope with listening passages	❏	❏

Grammar:

use *c'était* + adjective to talk about how it was in the past	❏	❏

Dictionary:

use a dictionary to check my spelling	❏	❏

Pronunciation:

pronounce the sound *oi* correctly as in *moi, toi, pois*	❏	❏

équipe 2

1 [📼] Écoute. Qu'est-ce que les quatre jeunes mettent pour aller à la boum?

Nom: _____

Sylvie		✔						
Benjamin								
Claire								
Jeanne								

2 [📼] Écoute. C'est samedi (S) ou dimanche (D)?

3 [📼] Écoute les trois jeunes. Ils parlent de leur émission préférée le lundi. Prends des notes.

Exemple   *1 – un dessin animé, TF1, 9 h 05*

équipe 2

Partenaire A

1a Invite ton/ta partenaire.

Tu veux aller à la plage?

1b Réponds aux questions de ton/ta partenaire.

Oui, je veux bien.   Non, je ne veux pas, merci.

ou

2a Pose des questions à ton/ta partenaire et note les réponses.

- Quelle est ton émission préférée? • Pourquoi?
- C'est à quelle heure? • Quel jour?
- Sur quelle chaîne?

2b Réponds aux questions de ton/ta partenaire.

3a Pose les deux questions à ton/ta partenaire.

Qu'est-ce que tu mets pour aller à une boum?

Qu'est-ce que tu aimes comme look?

3b Réponds aux questions de ton/ta partenaire.

Partenaire B

1a Réponds aux questions de ton/ta partenaire.

Oui, je veux bien.   Non, je ne veux pas, merci.

ou

1b Invite ton/ta partenaire.   Tu veux aller au cinéma?

2a Réponds aux questions de ton/ta partenaire.

2b Pose des questions à ton/ta partenaire et note les réponses.

- Quelle est ton émission préférée? • Pourquoi?
- C'est à quelle heure? • Quel jour?
- Sur quelle chaîne?

3a Réponds aux questions de ton/ta partenaire.

3b Pose les deux questions à ton/ta partenaire.

Qu'est-ce que tu mets pour aller à une boum?

Qu'est-ce que tu aimes comme look?

1 Qu'est-ce que Philippe mentionne dans sa lettre?

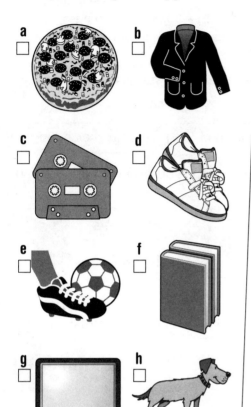

a ☐   **b** ☐

c ☐   **d** ☐

e ☐   **f** ☐

g ☐   **h** ☐

Dieppe, le 18 décembre

Cher Patrick,

Ça va? Moi, ça va très bien! Ce soir, je vais à une boum au club des jeunes avec mes copains. Qu'est-ce que tu mets pour aller à une boum? Moi, je mets un jean, un tee-shirt et ma nouvelle veste noire. On va danser, parler et manger des pizzas!

Le week-end dernier, j'ai fait des courses avec ma grand-mère. Super! Elle m'a acheté une veste noire et des baskets! Samedi soir, j'ai retrouvé des copains en ville et on a vu un film d'épouvante génial.

Tu aimes la télévision? Moi, j'adore regarder la télévision! Mon émission préférée, c'est "Sport Dimanche" sur France 3. L'émission commence à seize heures. Dimanche dernier, j'ai regardé le cyclisme et le football. Qu'est ce que tu aimes regarder à la télévision?

Je dois finir ma lettre maintenant, parce que je dois ranger ma chambre et je dois aller voir ma grand-mère.

Joyeux Noël!
Ton correspondant,

Philippe

2 Complète.

a Philippe va à une _____ ce soir.

b Il a une nouvelle _____ noire.

c Samedi soir, il a vu un film au _____.

d Il a regardé deux sports à la télévision _____ dernier.

e Philippe est le _____ français de Patrick.

3 Choisis la bonne réponse.

a Ce soir, Philippe retrouve ses copains en ville / au cinéma / au club des jeunes.

b Pour aller à une boum, Phillipe aime le look habillé / décontracté / sport.

c Son émission préférée, c'est le matin / l'après-midi / le soir.

d Après la lettre, Philippe
a fait ses devoirs / a rangé sa chambre / a fait du shopping avec sa grand-mère.

e Au cinéma, il a vu *Le Roi Lion / Les 101 Dalmatiens / Dracula*.

équipe 2

Nom: _____

1 Complète la phrase avec cinq vêtements.

Pour aller au collège, je mets _____

_____

_____

2 Adapte le message de Jean-Paul pour inviter ton/ta partenaire à une boum.

Tu veux aller au cinéma ce soir? On se retrouve à sept heures et demie devant la poste.
Amitiés,
Jean-Paul

_____

_____

_____

_____

_____

_____

3 Qu'est-ce que tu as fait le week-end dernier? Choisis cinq activités.

Exemple   *J'ai rangé ma chambre.*

_____

_____

_____

_____

_____

équipe 2

1 🔊 Écoute et relie.

Exemple 1 – a

1   2  3  4  5   6

Nom: _____

a  b   c  d   e  f

2a 🔊 Écoute. Coche les activités du mari* idéal pour Sylvie.

2b 🔊 Écoute. Coche les activités de la femme* idéale pour Marc.

*le mari – husband
*la femme – wife

1   2   3   4   5  6   7   8

Sylvie ☐	Sylvie ☐	Sylvie ☐	Sylvie ☐	Sylvie ☐	Sylvie ☐	Sylvie ☐	Sylvie ☐
Marc ☐	Marc ☐	Marc ☐	Marc ☐	Marc ☐	Marc ☐	Marc ☐	Marc ☐

3a 🔊 Écoute l'interview de Fleur. Note ses réponses (six choses).

Exemple Sa fête préférée: son anniversaire

1 _____

2 _____

3 _____

4 _____

5 _____

6 _____

3b Qui est Fleur, *a*, *b*, ou *c*?

a  b  c

équipe 2

1 Regarde le planning. Choisis un personnage. Ton/Ta partenaire devine qui tu es. Puis changez de rôle.

A Je fais les lits.

B Ah, tu es Julie!

A Oui, c'est ça.

Nom: _____

Planning semaine 7–14 juillet

Julie	Pierre	Paul	Élisa
Perrine	Sophie	Martial	Clémence

2 Complète les heures pour toi. Pose des questions à ton/ta partenaire et note ses réponses.

À quelle heure est-ce que tu te réveilles?

Moi   Partenaire

3a Invente un voyage: réponds aux questions.

Tu es allé(e) où?
Tu es parti(e) quand?
Tu es resté(e) combien de temps?
Tu as voyagé comment?
Qu'est-ce que tu as fait?
C'était comment?

Mes réponses

_____
_____
_____
_____
_____
_____
_____

3b Pose les questions à ton/ta partenaire, puis réponds à ses questions.

équipe 2

Nom: _____

1 Trouve la bonne bulle pour chaque personne.

1 (Tu n'as pas rangé ta chambre!)

2 (Nous sommes allés voir le feu d'artifice du 14 juillet.)

3 (Bon anniversaire!)

4 (Moi, je vais à l'école à vélo.)

5 (À Noël, on a mangé une grosse dinde.)

6 (J'ai pris le bateau pour aller en Angleterre.)

a    **b**

c    **d**

e    **f**

2 Lis et remets le dialogue dans l'ordre. Commence par *c*.

- ☐ **a** *Wouah! C'est long, un mois. Tu as voyagé comment?*
- ☐ **b** Je suis allé voir Jasmine à Montréal et j'ai visité la région.
- ☑ **c** *Tu es allé où cet été?*
- ☐ **d** Je suis resté un mois.
- ☐ **e** *L'avion, j'adore! Et qu'est-ce que tu as fait au Québec?*

- ☐ **f** Je suis allé au Québec.
- ☐ **g** *Au Québec? Super! Tu es parti quand?*
- ☐ **h** J'ai pris l'avion, bien sûr!
- ☐ **i** *Le 12? Et tu es resté combien de temps?*
- ☐ **j** Je suis parti le 12 juillet.
- ☐ **k** *Tu as vu Jasmine, quelle chance! Elle va bien?*
- ☐ **l** Oui, elle va très bien.

3 Lis le journal de Luc. Lis sa lettre à un copain: il ne dit pas la vérité! Souligne les différences (huit) comme dans l'exemple.

juillet

1-5 *Derniers jours au collège*

6-10 *Maison: télé, télé, télé – triste: les copains sont partis!*

10 *Chez tante Garance à Paris, en car. Beurk!*

15-21 *Maison: télé, télé, télé – horrible!*

22 *Une semaine à la plage avec papa et maman, en voiture*

31 *Maison: pas de sorties, télé, télé, télé. Je déteste!*

août

1-30 *Chez grand-mère, à la campagne avec les petits cousins. Je déteste ça!*

Salut, Jérémie!

Ça va, les vacances? Moi, je passe des vacances super! Le collège a fini le 5 juillet. <u>Le 6, je suis parti quatre jours à Londres. Génial!</u> Le 10, je suis allé à Paris, chez des copines. J'ai pris l'avion. Cool! Du 15 au 20 juillet, repos: je suis resté à la maison: tous les copains sont venus chez moi. Sympa. Le 22, je suis reparti ... avec ma copine! On est allés une semaine à la plage en stop. Quelle aventure! Le 31, retour à la maison. Je suis beaucoup sorti avec les copains. Cool, hein! En août, j'ai fait un tour de France à moto avec des copains. J'ai adoré le mois d'août!

Salut!

Luc

Nom: _____

1 Complète les bulles comme dans l'exemple.

Exemple

J'ai fait le ménage.

1 Moi, j'ai _____

2 Moi, j'ai _____

3 Moi, j'ai _____

4 _____

5 _____

6 _____

2 Invente un autre voyage pour cet explorateur. Réponds aux questions.

Vous êtes allé où?
Vous êtes parti quand?
Vous êtes resté combien de temps?
Vous avez voyagé comment?

Je suis allé en Amérique du Sud. Je suis
parti le 3 janvier 2001. Je suis resté
2 ans. J'ai pris l'avion, le bateau et j'ai
aussi voyagé en jeep, à cheval et à pied!

_____

_____

_____

_____

_____

_____

3a Complète la lettre avec les mots dans la boîte.

Bonjour! Je m'appelle William.
Noël, c'est [1] _____. D'abord, [2] _____
_____ de la dinde et de [3] _____.
Après le repas, on donne [4] _____! C'est génial!
Et toi, comment est-ce que [5] _____ Noël? Écris-moi vite!
À bientôt! William.

a on mange
b tu fêtes
c ma fête préférée
d les cadeaux
e la bûche au chocolat

3b Écris une réponse à William.

équipe 2

Nom: _____

Qu'est-ce que tu mets pour la boum?

1 🔊 Écoute. Relie la personne à la tenue.

Exemple Éric – e

Éric   Lucie   Yann   Isabelle   Marc   Stéphanie

a 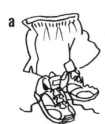   **b**    **c**    **d**    **e**    **f**

2 🔊 Écoute. Coche la grille.

Éric		✔		✔	
Lucie					
Yann					
Isabelle					
Marc					
Stéphanie					

3 On parle des voyages. Prends des notes: date de départ/transport.

Exemple Éric – vélo/1er août

1a Qu'est-ce que tu as fait le week-end dernier? Choisis cinq symboles. Explique à ton/ta partenaire.

> Ce week-end, j'ai joué au basket, je suis allé au club des jeunes, …

Nom: _____

2 Ton/Ta partenaire arrive chez toi après un long voyage. Choisis quatre symboles. Pose des questions.

Exemple

> Tu veux défaire tes bagages?

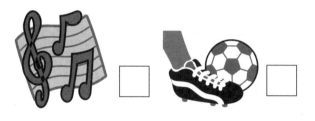

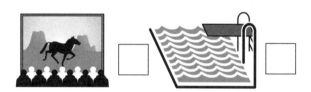

a    b

c    d

e    f

3a Pose les questions à ton/ta partenaire.

SONDAGE

1 Tu t'appelles comment?

2 Tu as quel âge?

3 Qu'est-ce que tu regardes à la télé? (deux *types* d'émissions)

4 Tu as combien d'argent de poche?

5 Qu'est-ce que tu fais avec ton argent? (trois choses)

6 Qu'est-ce que tu mets pour aller au collège? (minimum trois choses)

1b Écoute et coche les activités de ton/ta partenaire.

3b Réponds aux questions.

Nom: _____

1 Trouve les paires.

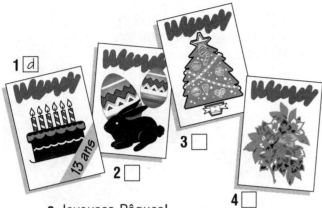

1 d

2 □

3 □

4 □

a Joyeuses Pâques!
b Joyeux Noël!
c Bonne fête, maman!
d Bon anniversaire!

2 Trouve la bonne réponse, *a* ou *b*.

1 Qu'est-ce qu'il y a sur TF1 ce soir?
a Il y a une émission sportive à dix-neuf heures.
b Je préfère les feuilletons.

2 *Le Flash d'Infos*, c'est sur quelle chaîne?
a C'est intéressant.
b C'est sur Canal Plus.

3 C'est à quelle heure le feuilleton?
a C'est à seize heures trente.
b Dimanche soir.

4 Combien d'heures par jour est-ce que tu regardes la télé?
a Je ne regarde jamais la télévision.
b C'est à vingt heures dix.

5 Tu veux venir au cinéma avec moi vendredi soir?
a J'adore cette émission.
b Désolé, je ne peux pas sortir.

6 Tu aimes les films d'épouvante?
a Ah oui, j'adore *Love Story!*
b Ah oui, j'adore *Les Vampires.*

3a Lis la brochure. Choisis cinq symboles. Encercle ⓚ

Au camp de vacances

On peut ...

★ jouer au football ou au basket
★ aller à la plage
★ aller à la piscine
★ faire du vélo
★ faire de la voile
★ danser (il y a une disco le samedi)
★ faire du skate
★ faire du patinage

En plus, on fait des excursions en car tous les mardis et vendredis. On visite les châteaux et les musées de la région.
Au camp, on ne s'ennuie jamais!
Au camp, les vacances sont vraiment sympa!

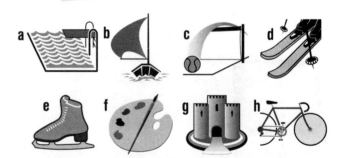

a   b   c   d

e   f   g   h

3b Trouve et <u>souligne</u> quatre erreurs dans la description de la mère de Marion.

"Marion est allée dans un camp de vacances. Samedi, elle a fait une excursion. Ils sont partis en voiture visiter un grand château. Hier, elle a joué au basket le matin et l'après-midi, elle a joué au golf. Il n'y a pas de plage, mais il y a une piscine au camp si on veut nager. Marion adore la natation!"

Nom: _____

1 Thomas organise une boum pour son anniversaire.
Trouve une phrase pour chaque dessin.

a J'ai rangé les meubles.
b J'ai mis la table.
c J'ai choisi des cassettes.

d J'ai fait les invitations.
e J'ai distribué les invitations.
f J'ai acheté à manger et à boire.

2 Relie les questions aux réponses.

a Tu veux faire du vélo?
b Qu'est-ce que tu as fait hier?
c On va au cinéma? On se retrouve où?
d Ton frère aime l'informatique?
e Comment est-ce que tu fêtes Noël?
f Comment est-ce que tu fêtes ton anniversaire?

1 Oui, il a un ordinateur dans sa chambre.
2 J'ai retrouvé mes copains.
3 Oui, je veux bien.
4 Chez moi.
5 Je fais une boum avec mes copains.
6 On fait un bon repas et on boit du champagne.

3 Lis la lettre de Murielle à sa copine Sandra. Réponds aux questions.

a Trouve quatre moyens de transport.
b Trouve deux dates.
c Murielle est restée combien de temps à Paris?
d Qu'est-ce qu'elle a acheté? (deux choses)
e Elle a vu quel type de film au cinéma?
f Qu'est-ce qu'elle pense du film?
g Son frère, qu'est-ce qu'il a fait pendant les vacances? (deux choses)

Chère Sandra,
Qu'est-ce que tu as fait pendant les vacances? Moi, je suis allée à Paris, chez ma cousine. C'était super. Je suis partie en car le cinq juillet et je suis restée une semaine.

À Paris pour sortir, on a pris le métro. Lundi, on est allés voir un film policier au cinéma. C'était nul! Mercredi, on a pris un bateau sur la Seine et j'ai pris des photos de tous les monuments. Vendredi, je suis allée dans les grands magasins et j'ai trouvé un très joli tee-shirt et des souvenirs. Résultat: je n'ai plus d'argent!

Mon petit frère est allé dans un camp de vacances en Normandie. Il est parti le premier août. Il a fait du sport et il a fait des excursions à vélo.

1 Complète les phrases.

 **a**   Je me réveille à

_____

 **d**   Je prends _____

_____

à _____

_____

 **b**   Je _____

à _____

_____

 **e**   À huit heures moins cinq,

_____

_____

 **c**   _____ dans

la _____

à _____

2 Complète les descriptions.

 **a**   Pour mon anniversaire, j'ai
un tee-shirt, _____

_____

_____

 **b**   Catherine est grande

 _____

_____

3 Écris une lettre à ton ami français, Pierre.
Regarde les illustrations et raconte tes
activités du week-end dernier (minimum
quatre activités).

Attention!
Tu commences ta lettre comment?
Tu termines ta lettre comment?

équipe 2